『広辞苑』をよむ

今野真二
Shinji Konno

岩波新書
1820

凡例

- 『広辞苑』の引用は平成三十（二〇一八）年刊行の第七版第一刷から行なった。『広辞苑』の他の版から引用する場合は、その都度いずれの版であるかについて示した。
- 『日本国語大辞典』（小学館）は第二版（二〇〇〇〜二〇〇二年）を、『大辞林』（三省堂）は第四版（二〇一九年）を、『大辞泉』（小学館）は第二版（二〇一二年）を使用した。
- 『朝日新聞』『週刊朝日』などの記事が検索できる朝日新聞社のデータベース「聞蔵Ⅱ」に拠る記述は、令和元（二〇一九）年十月二十四日に最終確認を行なった。
- 引用にあたっては、常用漢字表に当該漢字が載せられている場合は、同表が示す漢字字形を使い、載せられていない場合には引用文献に使われている漢字字形を使う。「かなづかい」は引用文献のままにする。仮名の繰り返し符号には仮名を入れた。引用文中の傍点、傍線は筆者に依る。横書きで印刷されている文、文章を引用する場合は、句読点等を縦書きで使用されるものに変更した。辞書特有の略語や表示を、適宜変更したり省略したりする場合がある。
- ある語そのものを話題にする時は、『広辞苑』の見出しの引用と区別するために、その語を「タウズラ」のように片仮名で示す。どんな語かをわかりやすくするために、片仮名書きした語形に続けて、丸括弧に漢字を入れて「タウズラ（田鶉）」のように添えることがある。

目次

序　章　辞書のよみかた

「読む」と「よむ」

本書は「『広辞苑』をよむ」を書名としている。平成三十（二〇一八）年一月十二日に『広辞苑』第七版が岩波書店から出版された。第六版が出版されたのは平成二十（二〇〇八）年の一月十一日だからちょうど十年ぶりの改訂ということになる。十年前もそうだったが、今回も新聞などで「十年ぶりの改訂」がずいぶんと報じられた。新しく見出しになった語についてもさまざまなかたちで話題になった。一家に一冊『広辞苑』があるかどうかはともかくとして、『広辞苑』を知らない人はきわめて少ないだろう。『広辞苑』はそういう辞書だ。

「よむ」は平仮名にした。「読む」は本を端から読んでいくことを思わせる。しかし『広辞苑』は辞書だから、小説を読むように読むことはしない。第一「筋」がない。辞書は使うもの、辞書は自身の知りたい「情報」について調べるものだ。だから本書では、まず『広辞苑』という辞書がどのような辞書で、どのように使うことができるか、どのように使うと『広辞苑』がもっている「情報」を最大限に引き出せるかということを読者の方々に伝えるようにしたい。今ここでは具体的な行為を「読む」、具体的な行為を超えていろいろなことをよみとろうとする行為を「よむ」と表示することにしよう。読者の方々にそれを伝えるために『広辞苑』を「よむ」のはまずは筆者ということになる。

読者の方々が『広辞苑』を使って、自身が調べようとしている語にたどりつき、その語がどのように説明されているかをみるということは説明を「読む」ということだ。調べようとしている語が見出しになっていなかった場合は、「見出しになっていない」ということがわかる。そうすると、辞書には見出しになっている語と見出しになっていない語があるということがわかる。それがわかると、どんな語は見出しになっていて、どんな語は見出しになっていないのか、という「問い」がうまれてくるかもしれない。その「問い」の「答え」を考えるということは、すでに「読む」という具体的な行為を超えていろいろなことをよみとろうとする、すなわち「よむ」とかなりちかくなっている。『広辞苑』を使いながら、考える。それを『広辞苑』を「読みながらよむ」と表現してみよう。本書は『広辞苑』を「読みながらよむ」ことのおもしろさ、楽しさも伝えていきたい。

辞書をどうとらえるか

本書では、『広辞苑』を中心にして、いろいろな辞書について話題が及ぶ。そんな時に、どんな辞書であっても、「同じ枠組み」でとらえ、「同じ枠組み」で説明することは大事だ。

そうすることによって、異なる辞書の対照も可能になる。本書は現在出版されている辞書を話題にすることがほとんどであるが、過去の辞書についても話題にするかもしれない。そんな時にも使えるような「枠組み」を準備しておく必要がある。

そこで、本書においては「見出し＋語釈」という基本的な「枠組み」をまず設定したい。そして「見出し＋語釈」全体を「項目」と呼ぶ。『広辞苑』は見出し「ごしゃく（語釈）」を「ことばの意義の解釈」と説明している。この「ことばの意義の解釈」という説明部分を「語釈」と呼ぶということだ。

ところで、紙に印刷する辞書は、どのくらいのページにするか、ということを考えて編集する必要がある。『広辞苑』第七版は三一八八頁まである。第六版は、というと三〇四九頁、第五版は二九八八頁、第四版は二八五八頁、第三版は二六六九頁、第二版は二四四八頁、そして初版（一九五五年五月二十五日発行）は二三五九頁であった。こうして本文頁数を列挙してみると、『広辞苑』の本文頁数は少しずつではあるが、増えていることがわかる。しかし爆発的に増えているわけでもない。第六版が三〇四九頁なのだから、第七版はだいたいそれを目安として編集されているだろう。総項目数もだいたい決めて編集していたと推測する。編集してみたら、五〇〇〇頁になってしまいました、ということはないだろう。

最近「オキベン〈置き勉〉」という語を耳にした。「オキベン」は『広辞苑』の見出しになっていないが、〈児童や生徒が、登下校時の荷物の重さを軽くするために、教科書などを家に持ち帰らず学校に置いておくこと〉ということだ。そのように、重量があると教育の場では使いにくいということが生じる。『広辞苑』第七版は量ってみると、二四八〇グラムぐらいある。これを持ち歩くには少々根性が必要になる。いやいや、根性があるとかないとかということではなくて、『広辞苑』は持ち歩くことを想定していないということだろう。小型国語辞書なら持ち歩ける、あるいは電子辞書なら持ち歩ける、オンライン版ならインターネットに接続できるデバイスさえあればどこでも使える、ということになってくる。

バランスのとれた小宇宙

さて、「どのくらいのページにするか」という話題に戻る。ページに制限があるということは、その辞書に収められる項目にも制限がある、ということになる。小型国語辞書は八万項目ぐらいを収めている。そうすると、その八万項目を「選定」する必要がある。『広辞苑』第七版は付録を含めて約二十五万項目を収めていることが謳われているが、同じように、だいたい二十五万項目ということが決まっていれば、それに合わせて項目を「選定」することになる。

筆者が思うことは、辞書はその辞書の項目数に応じてバランスよく項目を「選定」することが大事だということだ。日本語全体を「宇宙」に喩えるならば、辞書はその「大宇宙」をその辞書の「規模」に応じて縮小した「小宇宙」ということになるだろう。もちろん、「新語に強い」ことをセールスポイントにしているから、「新語」を多く項目として採用するということはあるだろう。それはその辞書の特色といってよい。「小型辞書」は「規模」の制限がいわばつよい。だから「小宇宙」をめざすよりも「特色」を持たせたいということはあるだろう。しかし、「中型辞書」あるいは「大型辞書」となれば、バランスをとることが自然に求められるのではないだろうか。

「ことばをうつす鏡」と「世界をのぞく窓」

『三省堂国語辞典』第三版（一九八一年）の序文には編集主幹であった見坊豪紀《けんぼうひでとし》が次のように記している。

> 辞書は〝かがみ〟である——これは、著者の変わらぬ信条であります。

辞書は、ことばを写す〝鏡〟であります。同時に、辞書は、ことばを正す〝鑑《かがみ》〟であります。

〝鏡〟と〝鑑〟の両面のどちらに重きを置くか、どう取り合わせるか、それは辞書の性格によってさまざまでありましょう。ただ、時代のことばと連動する性格を持つ小型国語辞書としては、ことばの変化した部分については〝鏡〟としてすばやく写し出すべきだと考えます。〝鑑〟としてどう扱うかは、写し出したものを処理する段階で判断すべき問題でありましょう。

辞書が見出しとする語が「時代のことばと連動」しているということが「ことばを写す鏡」ということだ。「時代のことば」すなわち「今、ここ」のことばだけが見出し候補であるならば、それでよい。しかし、「今、ここ」でよく使われるかということとは別に、短歌や俳句をつくるにあたって、過去に使われていた語や「今、ここ」ではあまり使われない季語などを使うということだってある。それも「言語生活」だ。「令和」が元号になって、『万葉集』のテキストが売れたという。「今、ここ」の人が『万葉集』を読むとすれば、「『万葉集』を読む」ということが現代の「言語生活」に（頻度は別として）含まれているということになる。

辞書に「時代のことば」が映し出されているという「イメージ」が「辞書はかがみである」であれば、筆者が本書のなかでたびたび使う「ことばは世界をのぞく窓」は、ことばという「窓」から外の世界を眺めるというイメージだ。いろいろなことばを知ることによって、いろいろな「世界」を知ることができる。ことばという「窓」から飛び出していく感じだ。そういう「窓」として、辞書の見出しをとらえると、また少し違ったアクティブな気分になってくるのではないだろうか。

言語生活をどのように設定するか

本書ではこれから「言語生活」という語もしばしば使う。「言語生活」は文字通り「言語を使う生活」である。誰かと話をする、新聞や本を読む、テレビを見る、スマートフォンを使って知人とメールなどでやりとりをする、すべて言語がかかわっている。話をするのは「はなしことば」によって、新聞や本を読むのは「書きことば」によってだ。メールなどは「はなしことば」的な面もありながら、文字化したかたちで言語をやりとりしているので「書きことば」的な面もある。キーボードを使って打ち込むから「打ちことば」だというみかたもある。急ぐなら電話で、急がないならはがきや手紙を使っていた頃とは「言語生活」もずいぶんと変わった。そうした言語生活にどのように対応するかということも辞書編集者が考える大事なことがらになる。

新聞では使われないが、「はなしことば」では使うような語をどこまで見出しにするか、筆者のような年齢層の人は使わないが、大学生は使うような語、あるいは高校生は使うような語をどこまで見出しにするか。ファッション誌で使われているような外来語をどこまで見出しにするか、いろいろなことを考える必要がある。そうした中で重要であるのが、過去に使われた語をどの程度見出しにするかということだ。

『広辞苑』の「凡例」については第一章で詳しく採りあげるが、「凡例」の「編集方針」の二には、「国語項目は、現代語はもとより、古代・中世・近世にわたって日本の古典にあらわれる古語を広く収集し、その重要なものを網羅した」と記されている。このことは重要である。いわゆる「古語」を項目として採用するかしないかは、現代編集される辞書の編集方針の大きなポイントになる。

『大辞林』(三省堂)の「凡例」の「編集方針」の一には「この辞典は、現代の言語生活に立脚し、現代語を中心に古語や百科語をも含めた総合的な国語辞典として編集したものである。

収録した項目は、日常用いる言葉はもとより、万葉集・源氏物語をはじめとするわが国古典にあらわれる語、医学・生物学・物理学・法律・経済など各専門分野における用語、および地名・人名・作品名、漢字見出し、ＡＢＣ略語など、あわせて約二三万八千項目におよぶ」と記されている。また『大辞泉』（小学館）の「凡例」には「本書には、現代の日本で用いられている語を中心に、古語、専門用語、時事用語、外来語、地名・人名その他の固有名詞など、総項目数二五万余語を収めた。項目を立てるにあたっては、上代から現代までの文献を検して語彙・用例を採集するとともに、新聞・放送・インターネットなどの情報媒体にも着意して、広く世に行われる語彙・語法を積極的に採録した」と記されている。

『大辞林』の「編集方針」中にみられる「百科語」は『大辞林』そのものも見出しにしていないし、『広辞苑』も『大辞泉』も見出しにしていない語だ。辞書が凡例で使っている語を見出しにしなければならないということはない。しかしあえて「読み手」になじみがない語を使うこともない。「百科語」はおそらく〈百科辞典が見出しにするような語〉というぐらいの意味合いであろう。この〈百科辞典が見出しにするような語〉は辞書を考える場合のポイントの一つになる。次にはこのことについて考えてみよう。

百科辞典・百科事典と国語辞典

『広辞苑』は「ひゃっか(百科)」を「親項目」として「ひゃっかじてん(百科辞典・百科事典)」を「追込項目」としている。「親項目」「追込項目」については第二章で改めて述べることにしたい。そして「ヒャッカジテン」を「(encyclopedia)学術・技芸・社会・家庭その他あらゆる科目にわたる知識を集め、これを部門別あるいは五十音順などに配列し、解説を記した書物」と説明している。昭和三十三(一九五八)年生まれの筆者が子供の頃に、実家には『大日本百科事典ジャポニカ』(一九六七〜一九七二年、小学館)があった。この「ジャポニカ」が百科事典である。

現在は、朝日新聞社、講談社、小学館、朝日新聞出版の四社が共同して、各社の百科事典をインターネット上で参照することのできる「コトバンク」があるが、これは「オンライン百科事典」とでも呼ぶことができるだろう。「ウィキペディア」も同じだ。

百科事典が見出しにする語と国語辞典が見出しにする語とが截然と分かれるわけではないが、ひろい意味合いでの専門用語は百科事典は見出しにするが、国語辞典は見出しにしないということはいえるだろう。

てもとにある『[新装新訂]マイペディア　小百科事典』(一九九五年、平凡社)(以下『マイペディア』と呼ぶ)をみると、まず「日本の行政区分」という見出しのもとに日本地図、次には「世界全図」が掲げられ、ついで「世界の国旗」が鮮やかに示されている。それに続いて「《新訂 マイペディア》の刊行にあたって」という文章が載せられているが、そこには「ビジネス、学習、家庭など日常のさまざまな場面で必要な知識、マスメディアが送り出す膨大な情報を判断し理解するための知識をたちどころに示します」「《マイペディア》は、専門的事項より一般的基礎的事項を重視する、現代科学の最先端の諸成果を積極的にとりいれる、日本の歴史と文化およびこれに関連する事項に力点をおく」と述べられている。

右では「専門的事項」と「一般的基礎的事項」とが対比的に扱われているが、後者は、専門性はあるが、より基礎的な、あるいは日常生活ともかかわる事項という意味合いであろう。例えば、『マイペディア』には、「いなだのごこう(稲田の御光)」という見出しがある。

稲田の御光《いなだのごこう》　太陽を背にして露のある草原や水面を見るとき、観測者の影の周囲に見られる光輪。微小水滴による太陽光線の回折現象。船から水面に影を映したときにも、同様の御光が見られる。

『広辞苑』は「イナダノゴコウ」を見出しにしていない。また『大辞泉』『大辞林』も「イナダノゴコウ」を見出しにしていない。これは百科事典は見出しにするが、国語辞典は見出しにしない語句ということになる。

「シュゴシン／シュゴジン（守護神）」はどうだろうか。

しゅご-じん【守護神】 国家・民族・家族・親族・個人・職業または寺院などを守護する神。まもりがみ。しゅごしん。（『広辞苑』）

しゅご-しん【守護神】 ①個人や集団を守護し、安全と繁栄をもたらすとされる神。まもりがみ。しゅごじん。②（比喩的に）スポーツで、チームを相手の攻撃などから守る人。特に、野球でのクローザー、サッカーなどでのゴールキーパーを指していうことが多い。（『大辞泉』）

しゅご-しん【守護神】 ①国家・民族・家・個人・職業・寺院などを守るとされる、特定の神。まもりがみ。しゅごじん。②転じて、ある集団の後ろだてとなる人物。「チームの―」（『大辞林』）

守護神《しゅごしん》　個人や地域や職業を守る神。西洋では、バビロンのマルドゥク、ニネベのイシュタルのように古代オリエント諸都市は守護神をもち、ギリシア・ローマでは文明の発展に伴って神々に特定の機能を付与した職業神も出現した。戦争のマルス、商売のメルクリウス、技芸のミネルウァ等が著名。キリスト教のパトロンセイント(守護聖者)は個人の守護神の一種と考えられる。日本では、観音・薬師・不動・妙見等が個人の守り神として崇敬され、地域の守り神として氏神があり、武甕槌《たけみかづち》神・経津主《ふつぬし》神・八幡神は武術の、菅原道真は学芸の守り神であった。(『マイペディア』)

『広辞苑』は「シュゴジン」を見出しとし、『大辞泉』『大辞林』『マイペディア』は「シュゴシン」を見出しにしているという違いがあるが、それはそれとする。筆者は「シュゴシン」の方を使っているので、少し「おっ」と思った。

『大辞泉』の語釈②は、「シュゴシン」という語がこういう比喩的な使われ方をするようになっているという情報で、まさしく日本語の語義を説明している。『大辞林』の②も同様であるが、『大辞林』は見出し「うしろだて」を「①陰にいてあと押しをし、援助すること。また、その人。パトロン。うしろみ。②背後を守る楯」と説明している。「うしろだて」の語釈②は「ウシロダテ」のそもそもの語義といってよいので、今これは措くことにするが、

「うしろだて」の語釈①は穏当な語釈であろう。となると、『大辞林』が見出し「しゅごしん」に掲げている「チームの守護神」という例と「しゅごしん」の語釈②とはそもそも合っていないのではないだろうか。筆者の感覚では、「チームの守護神」といえば、野球のクローザーやサッカーなどのゴールキーパーのことで、チームのパトロンのことではない。「チームのパトロン」はチームの「ウシロダテ」であろうが、「チームの守護神」ではない。しかしそれはそれとして措く。

『マイペディア』の語釈は長い。だからそもそも語釈に使っている言語量が異なるともいえる。ただ、『マイペディア』はまず西洋の守護神について説明し、ギリシア・ローマの職業神、キリスト教の守護聖者にもふれる。そして日本の守り神、氏神などについてもふれており、「シュゴシン(守護神)」についてバランスのよい語釈を示している。見出しとしては、中型辞書である『広辞苑』『大辞泉』『大辞林』いずれも採りあげている。しかし、語釈の記述のしかたが相当に異なる。国語辞典は百科事典が見出しとして採りあげるような語句を採りあげないことがある、という指摘はよくされる。それはもちろんそのとおりなのであるが、右のように、国語辞典、百科事典がともに見出しとして採りあげている語句を対照することによって、両者がどのようにその語句を採りあげようとしているか、がはっきりしてくる。

国語辞典の見出しは、「国語＝日本語」においてその語がどのように使われてきたか、使われているかという観点から説明されている。それに対して（といっておくが）、百科事典の場合は、見出しとしている語句に対応する語句が他の文化圏、言語圏にもある場合には、それがそれらの文化圏、言語圏において、どのように使われてきたか、使われているかということも説明することがある。百科の「百」は〈多くの・いろいろな〉という意味合いであるが、それは、はやりの表現を使えば「グローバルな広がり」をもつ。

『広辞苑』は「中型国語辞書」であるので、同じ規模の『大辞泉』『大辞林』には必要に応じてふれるようにしたい。また多巻「大型国語辞書」である『日本国語大辞典』第二版、「小型国語辞書」のこともつねに意識しながら書き進めていこうと思う。そして「百科辞典／百科事典」にも必要に応じてふれていくつもりだ。本書が、これまでとは少し違う『広辞苑』のよみかた、『広辞苑』の使い方を示すことができればさいわいだ。

第一章　「凡例」をじっくりよむ

1　凡例とは？

ふつうは読まないけれど

おそらく、現在刊行されているすべての辞書には「凡例」がある。『広辞苑』で「はんれい」は次のように説明されている。

はん‐れい【凡例】書物のはじめに掲げる、その書物の編集方針や利用のしかたなどに関する箇条書。例言。

「掲げる」は辞書編集者側の表現で、辞書利用者側からすれば、「掲げられている」であろう。それはそれとして、読まなくても使えないことはないので、読まないで使う人は多いだろう。しかし、「編集方針や利用のしかた」が記されているのだから、これを読まないのはもったいない。というよりも、これに目を通してから使う方がよさそうだ。ここでは、『広辞苑』の「凡例」をじっくりと読むことで、『広辞苑』がどのような辞書をめざしているかを確認してみよう。

「凡例」はその内部が「編集方針」「見出し語」「見出し語の排列」「解説」に分かれている。最後の「解説」はその内部が「本文の表記」「語釈の区分」「術語の分類」「漢語の出典」「漢字の使い分け」「季語」「用例」「典拠」「その他」に分かれている。そのことからすれば、この「解説」はいろいろなことがらについての解説を集めましたよ、という意味合いであるように思われる。何を言っているかといえば、「編集方針」であれば、「編集方針についての説明」、「見出し語」であれば「見出し語についての説明」ということであるが、「解説」は「解説についての説明」ではないということだ。これが少しわかりにくい。筆者は最初「解説」とは何だろう？と一瞬思ってしまった。さて、いちゃもんぽいことはそのくらいにして、「凡例」の検討に入ることにしよう。

そうはいっても、「凡例」を逐条的に検討することはできないので、筆者が大事だと思うポイントに絞りたい。

『広辞苑』がめざす姿——中型辞書として

次の条は特に重要であると考える。

一、この辞典は、国語辞典であるとともに、学術専門語ならびに百科万般にわたる事項・用語を含む中辞典として編修したものである。ことばの定義を簡明に与えることを主眼としたが、語源・語誌の解説にも留意した。

二、国語項目は、現代語はもとより、古代・中世・近世にわたって日本の古典にあらわれる古語を広く収集し、その重要なものを網羅した。漢語・外来語のほか、民俗語・方言・隠語・慣用句・俚諺の類についても、その採録に意を用いた。

四、国語項目の解説に当たっては、つとめて古典から文例を引用し、また、現代語の作例を多く掲げ、語の用法を実地に示した。また、仮名遣いや発音を定めるに当たっては、古辞書・訓点本の類に照らして正確を期した。

六、百科的項目の収載範囲は、哲学・宗教、歴史・地理、政治・法律・経済、教育、数学・自然科学・医学、産業・技術・交通、美術・芸能・体育・娯楽、語学・文学などの万般にわたり、地名・人名・書名・曲名・年号などの固有名詞にも及ぶ。日本の人名は物故者に限った。

「国語辞典」か「学術専門語ならびに百科万般にわたる事項・用語を含む」「百科事典」かというところは辞書の大きな「分岐点」になる。一は『広辞苑』が「国語辞典＋学術専門語ならびに百科万般にわたる事項・用語」という見出しをたてていることを謳う。編集理念としては限りなく「百科事典」にちかいが、それをどの程度徹底させて見出しとするかという点において、いろいろな「ありかた」になるだろう。

近時出版される小型の国語辞書ははばひろく固有名詞を見出しとすることによって、収載見出し数を増やし、みかけとしては「百科事典的」な「容貌」をしていることが少なくないが、やはり「学術専門用語」「百科万般にわたる事項・用語」を見出しにするには至っていないと思われる。

サーランギー【sārangī ヒンディー】北インドとパキスタンの擦弦楽器。木をくりぬいた約六〇センチメートルの胴に皮を張り、演奏弦三、四本、その下側に三五〜四〇本の金属製の共鳴弦を張り弓で奏する。ネパールでは四弦。

右は『広辞苑』第七版の項目である。『日本国語大辞典』は「サーランギ」を見出しにしているが、用例は掲げていない。

小型の国語辞書は、といえば、『明鏡国語辞典』第二版(二〇一〇年、大修館。二四頁の表中では「鏡」と略。以下、「 」内は同じ)、『岩波国語辞典』第八版(二〇一九年。「岩」)、『新選国語辞典』第九版(二〇一一年、小学館。「選」)、『新明解国語辞典』第七版(二〇一三年、三省堂。「明」)、『三省堂国語辞典』第七版(二〇一四年。「三」)は「サーランギー」を見出しにしていない。「類書中最多の九万五千項目収録」を謳う『集英社国語辞典』第三版(二〇一二年。「集」)には次のようにある。

サーランギ〈ヒンディー sārangī〉北インドの擦弦楽器。木を箱状にくりぬいて、表面に羊皮を張り、その上に四本の主弦と数十本の共鳴弦を張ったもの。弓で弾く。

このことからすれば、『集英社国語辞典』第三版は他の小型国語辞書よりも百科事典的見出しを多く有していることが推測される。『大辞泉』『大辞林』はともに「サーランギ(ー)」

を見出しにしているので、中辞典であれば見出しにするような語といえるだろう。

ここまで「小型国語辞書」、「中辞典（中型国語辞書）」、「大型国語辞書」という語を使ってきた。「小型／中型／大型」はもちろんそれぞれの辞書の「規模」すなわち見出しとしている語数及び見出しに対しての「語釈」の言語量をあらわしている。「言語量」は少し漠然としているかもしれない。見出しの数に言語量をあてるのか、見出しに対して配置している語釈を丁寧にするところに言語量をあてるのかということもある。また見出しをどのような範囲から選択するかということもある。この「どのような範囲」は「バランスのとれた小宇宙」の「バランス」にかかわってくる。

先に引いた六は「百科的項目の収載範囲は、哲学・宗教、歴史・地理、政治・法律・経済、教育、数学・自然科学・医学、産業・技術・交通、美術・芸能・体育・娯楽、語学・文学など」と記している。「サーランギー」は「など」の「音楽」分野における項目ということになるだろうか。ちなみにいえば、『朝日新聞』の記事に検索をかけることができる「聞蔵Ⅱ」で昭和六十（一九八五）年以降の記事に検索をかけると、十一の記事中で「サーランギ（ー）」が使われていることがわかる。

少し対照をしてみよう。『建築デザインの解剖図鑑』（二〇一三年、エクスナレッジ）という本を読んでいて橋について述べられている箇所があった。そこには「橋は構造方法により、大きく下記の五つの種類に分けられる」(四三頁)とあり、五つの種類の橋が説明されていた。そこに使われている語をサンプルにしてみよう(『日本国語大辞典』『広辞苑』『大辞泉』『大辞林』は「日」「広」「泉」「林」とする)。

	日	広	泉	林	鏡	岩	選	明	三	集
けたばし(桁橋)	○	○	○	○	×	×	×	×	×	×
ああちきょう(アーチ橋)	○	○	×	○	×	×	×	×	×	×
とらすきょう(トラス橋)	○	○	○	○	×	×	×	×	×	×
つりばし(吊り橋)	○	○	○	○	○	○	○	○	○	○
しゃちょうきょう(斜張橋)	○	○	○	○	×	×	×	○	×	×
しゅげた(主桁)	○	○	○	○	×	×	×	×	×	×
おやばしら(親柱)	○	○	○	○	×	×	×	○	×	×

ししょう（支承）	×	○	×	×	×	×	×	×	×	×
プラットトラス	×	×	×	×	×	×	×	×	×	×
アンカーレイジ	×	×	×	×	×	×	×	×	×	×

見出しの側からみれば、「ツリバシ」は大型辞書、中型辞書、小型辞書いずれにおいても見出しとなっている。『広辞苑』の見出し「つりばし」を次に掲げておこう。小型辞書の例として、『新明解国語辞典』と『集英社国語辞典』の例を併せて掲げておく。

つり‐ばし【吊橋・釣橋】①空中に張り渡したケーブルで路床をつり下げた橋。長大なスパンの橋に適するが、山間部の深い渓谷などにも掛けられる。②城郭の堀などに設け、防御の際にはつりあげる橋。跳ね橋。

つりばし【吊(り)橋・釣(り)橋】㊀かけはずしの出来る橋。㊁空中に綱を張り渡し、それに通路を吊りさげた橋。（『新明解国語辞典』）

つりばし【釣(り)橋・吊(り)橋】①橋脚を使わないで両岸から張り渡した綱などでつり下

げた橋。②架け外しのできる橋。中世・近世の城などに架けた。（『集英社国語辞典』）

『広辞苑』の語釈①の前半は「ケーブル」という語を使っていることから推して、近現代の（専門用語としての面をもつ）「ツリバシ（吊り橋）」の説明をしていると思われる。そして後半「山間部の深い渓谷などにも掛けられる」はいわば一般的な（国語としての）「ツリバシ」を説明しているのであろう。丁寧な説明といってよい。『広辞苑』の語釈②が、『新明解国語辞典』の語釈㈡、『集英社国語辞典』の語釈②に該当する。『新選国語辞典』第九版は「深い谷や川などの両岸から、綱や鉄線でつってかけた橋」という説明をする。これは、『新明解国語辞典』や『集英社国語辞典』が二つに分けて記述していた語義を一つにまとめたようなかたちで、語釈としては一般性がたかくなっている。それは言い換えれば抽象度がたかい説明といってもよい。

見出し「ツリバシ」は先に述べたように、大型辞書、中型辞書、小型辞書、いずれもが見出しにしているのであるから、一般的な語といってよいだろう。しかし、右のように、語釈の記述のしかた、その「内容」などをみると、それぞれの辞書の「編集方針」をうかがうことができる。

「ツリバシ」が採りあげた辞書すべてにおいて見出しになっていたのに対して、「シショウ（支承）」は『広辞苑』のみが見出しにしている。

し‐しょう【支承】〔建〕構造物を支持する部分。また、その部分の構造。

『広辞苑』は「凡例」が終わった次のページに「略語表」を掲げているが、その「学術語・専門語」の条下に「〔建〕 建築・土木」とあって、「シショウ」が建築・土木用語であることが示されている。実際にこの語がどのように使われているか見当をつけるために、「聞蔵Ⅱ」を使って検索すると二十六件のヒットがある。また「Google検索」で「支承」を検索すれば、五三四万件がヒットするという意味合いにおいては、「現代において使われている語」であるといえよう。この語一語で、そういう表現のしかたをすることはできないが、それでもあえていえば、日常生活の中で、「支承」という語に遭遇し、どういう語義だろうと思って辞書を調べた時に、それに答えることができるのは、右で採りあげた辞書の中では

『広辞苑』のみだということだ。

日々の生活の中でいろいろな語に遭遇する。それは現在「日本列島上に確かに存在する日本語」といってよい。そういう語に(中型辞書であるから、ある程度といわざるをえないが)対応しているのが『広辞苑』といってよいだろう。

「プラットトラス」と「アンカーレイジ」はどの辞書も見出しにしていなかった。二語のうち、「アンカーレイジ」は中型辞書を謳う『リーダーズ英和中辞典』第二版(二〇一七年、研究社)において見出しとなっている。

ánchor-age *n* 投錨、停泊;錨地(中略);停泊料[税];係留;固定(法)、定着;《吊橋の》固定基礎;《精神的な》よりどころ、支え;定着するもの、固定具

『リーダーズ英和中辞典』の「まえがき」には「初版以来の特色」が四条にわたって記されている。

1、同程度の規模の辞典に比べて収録語数が格段に多い。

2、語義の解析が精密で、語義が洗練されている。

3、収録語の種類が豊富で、口語・俗語・方言などだけでなく、地名・人名その他百科事典的項目が多数収められている。

4、科学技術・経済・法律そのほか多くの専門分野の語と語義が正確な訳語によって示されている。

「アンカーレイジ」は4の「専門分野の語」として見出しになっていると思われる。二言語対訳辞書である英和辞書においては英和辞書成立当初から学術語や専門語が見出しとされる傾向があった。これに気づいたのは、英和辞書・和英辞書の日本語についての原稿を書くために、さまざまな英和／和英辞書を調べた時のことだ。また、英和辞書にかかわっている編集者の方と話している時に、「英和辞書は実用的なものだ」という趣旨のことばをしばしば耳にした。

「国語辞書」という書名をもつ辞書は、日本語を「国語」と呼ぶことができる、あるいは呼ぶような人物が編集し、かつ同様の人物が使用することが前提になっているはずだ。いささかもってまわった表現をしたかもしれないが、そのような「人物」とは「日本語を母語とする人物」と重なり合うだろう。そうであるとすれば、「日本語を母語とする人物」は「国語辞書」を「実用的なもの」として使うことは多くはないと思われる。

法律を学んでいる人が、英語で書かれた法律にかかわる専門書を読む。当然その専門書には法律用語が使われている。その(英語の)法律用語はどのような語義だろうかということを「英和辞書」で調べる。だから「英和辞書」には(ある程度の)法律用語が見出しとして採用されている必要がある。さまざまな分野の専門書に対応するためには、さまざまな分野の専門用語が見出しになっていなければならない。この「専門分野の語をひろく見出しとしているかどうか」という点において、「国語辞書」と「英和辞書」とははっきりと袂を分かつ。

2　日本語の歴史がみえる

語源から日本語の歴史へ――「ぬま(沼)」を例に

「凡例」「編集方針」の一には「語源・語誌の解説にも留意した」と記されている。現代出版されている国語辞書の原型はいつ頃確立したか、ということについては、いろいろなみかたがありそうだが、明治二十四(一八九一)年に出版が完結した『言海』がそうした「原型」

にあたるというみかたは成り立つだろう。

『言海』は「本書編纂ノ大意」の第二条において、辞書には「発音(Pronunciation)」「語別(Parts of speech)」「語原(Derivation)」「語釈(Definition)」「出典(Reference)」の五つが必要であることを述べている。「語原」は語源のことだ。『言海』の編者である大槻文彦は、ウェブスター辞書(具体的には *An American Dictionary of the English Language*(1857))などの西洋の辞書にふれ、そこに「範」を求めたと覚しい。ヨーロッパの言語は系統がわかっていることが多い。その系統と照らし合わせることによって、「語源」の記述が可能になる。一方、日本語は、といえば、系統がわかっていない。したがって、日本語の外に「照らし合わせる」言語がない。したがって、語源は、日本語の内部で探る以外に方法がない。そうなると、「ほんとうのところ」が不分明であるということになることが多い。日本語に関して、「語源」を明らかにすることは難しい。

それを前提として、『広辞苑』はどのように「語源」を「解説」しているかということだ。「凡例」が終わったあと、前付一九頁に掲げられている「略語表」の中には「語源」に対応する略語がない。したがって、略号による表示なしに「語源」が記述されていることになる。筆者は左に掲げる見出し「うきぬま」における丸括弧内が「語源」の記述ではないかと考える。説明に必要と思われる見出しを併せてあげ、「語源」をどのようにして探り、記述するかについて説明してみたい。

うき‐ぬま【浮沼】（埿《うき》沼の意）泥深い沼。どろぬま。うきぬ。新和歌集「世を―のねをかけむとは」

うき‐ぬ【浮沼】「うきぬま」に同じ。万七「君がため―の池の菱摘むと」

うき【埿】泥の深い地。低湿地。今昔二六「人も住まぬ―のゆうゆうとする一町余ばかりあり」

ぬま【沼】湖の小さくて浅いもの。ふつう、水深五《メートル》以下で、泥土が多く、フサモ・クロモなどの沈水植物が繁茂する。ぬ。万一四「―二つ通《かよ》は鳥が巣」

ぬ【沼】「ぬま」に同じ。他の語に付いて複合語を作る。万二「埴安《はにやす》の池の堤の隠《こも》り―の」

『日本国語大辞典』も「うきぬま」以下五項目を見出しにしている。

うき-ぬま【浮沼】『名』どろ沼。うきぬ。＊新和歌集（1258-59頃）夏「出家ののち五月五日菖蒲のねにつけて人のもとへつかはしける、思ひきや袖もあやめも引かへてよをうき沼のねをかけんとは〈信生〉」

『新和歌集』はあまり聞いたことのない歌集名だろう。藤原為氏（一二二二―一二八六）の撰した私撰集で正嘉二（一二五八）年から正元元（一二五九）年にかけての頃に成立したと考えられている。現在残っているテキストも少ない。こういう歌集からも見出しになる語を採っていることがわかる。さて、その歌集に収められている和歌に「ウキヌマ」という語が使われている。十三世紀末頃の使用ということになる。『日本国語大辞典』が使用例としてあげているのも、『新和歌集』の使用例で、それ以外はあげられていない。だからといって、これ以外に使用が確認できないということではないが、多く使われていた語ともいえないであろう。ちなみにいえば、『新編国歌大観』のデータベースに「うきぬま」で検索をかけてみると、ヒットするのは、右の信生法師の歌のみであるので、少なくとも、和歌においては「ウキヌマ」は使用がきわめて稀であることになる。

現代日本語の感覚からすると「ウキヌマ」は変な語ではないだろうか。「現代日本語の感覚」は現代日本語を母語としている人の「語構成感覚」ということだ。この「語構成感覚」は「語源意識」そのものではないが、日本語のように系統がわかっていない言語においては、「語源意識」に限りなくちかくなる。

現代日本語の感覚では「ウキヌマ」は「ウキ＋ヌマ」と二つ（の形態素）に分かれ、「ヌマ」は〈湖の小さくて浅いもの〉と結びつけ、「ウキ」は動詞「ウク（浮）」の連用形「ウキ」ではないかと思いたくなりそうだ。しかしそうすると、「ウキヌマ」の語義が〈浮いた沼〉になって、「？」となる。

日本語の語源は難しい

一つずつ考えてみよう。「ウキ」と「ヌマ」の、まず「ヌマ」について考えてみたい。『万葉集』全巻読破している人であれば、『万葉集』では複合語の場合「ヌマ」ではなくて「ヌ」という形があるぞ！と思ったことだろう。例えば『万葉集』巻十七に収められている三九三五番歌「隠り沼の下ゆ恋ひあまり白波のいちしろく出でぬ人の知るべく」（＝ひそかに恋するあまりに、白波のように目立つ態度をとってしまった、人が気づくほどに）によってそれがわかる。「隠り沼」と示した箇所は、漢字で「許母利奴能」と書かれており、これは「コモリヌノ」を書いたものである。

複合する時には「ヌ」という語形が使われることがわかると、『広辞苑』が見出し「うきぬ」の使用例として示している、『万葉集』巻七に収められている一二四九番歌の「浮沼」も「ウキヌ」を書いたものであろうという推測ができる。ここで「ウキヌ」という語が『万葉集』の頃、すなわち八世紀頃にすでに使われていたことがわかった。

今度は「ウキ」。「ウキ」が動詞「ウク（浮）」の連用形でないとすると？『万葉集』に「ウキ」が単独で使われていれば話がはやいけれども、そううまくはいかない。『広辞苑』が見出し「うき」に示している『今昔物語集』の使用例は、〈泥の深い地。低湿地〉という語義であろうと考えられている。そういう語義をもった「ウキ」という語があったということだ。そうであれば、「ウキヌ」「ウキヌマ」は〈泥深い沼〉ということになる。そうした「みかた」を示しているのが、見出し「うきぬ」の丸括弧内の「埿《きう》沼の意」で、これが「語源」を示しているということになるのだろうと考える。それにしても、日本語において「語源」を考える、検証するということが「案外めんどう」ということはおわかりいただけたのではないだろうか。

さて、「ウキ」に〈泥（深い）〉という語義があるとすれば、「ウキタ」は〈泥深い田〉ということになる。そういう場所は「ウキタ」と呼ばれ、それが地名となっていくということも考えられそうだ。『広辞苑』は「ウキタ」という地名を見出しにしていないが、調べてみると、福島県南相馬市鹿島区、大阪府大阪市北区、宮崎県宮崎市に「浮田」という地名がある。ある場所に住んでいた人々が、その場所の地名を名乗るということもある。そうすると「ウキタ」と呼ばれる場所に住んでいた人が「ウキタ(浮田・宇喜多)」を名乗るということもあったかもしれない。

『広辞苑』は見出し「うき‐た【浮田】(埿《うき》田の意)泥の深い田」に続いて見出し「うきた【浮田・宇喜多】姓氏の一つ」をたてて、浮田一蕙と宇喜多秀家とを「追込項目」として掲げている。

うきた‐いっけい【浮田一蕙】江戸後期の画家・志士。姓は豊臣。名は可為《よしため》。絵を田中訥言《とつげん》に学び、大和絵の復古に努めた。歌・書にも通じた。安政の大獄に連座。(一七九五〜一八五九)

うきた‐ひでいえ(ヘ‥イ)【宇喜多秀家】(「浮田」とも書く)安土桃山時代の武将。直家の子。岡山の領主。豊臣秀吉の五大老の一人。関ヶ原の戦に敗れて八丈島に流された。(一五七二〜一六五五)

固有名詞も見出しになっていると、こういう時に便利だ。「辞書をよむ」ということは「日本語の歴史」について考えるということとすぐにつながってくる。そしてまた、日常的に使っている日本語について、改めてゆっくり、じっくり考える機会にもなる。

出典を示す――「文字社会」をつかむ

先に示した二には「国語項目は、現代語はもとより、古代・中世・近世にわたって日本の古典にあらわれる古語を広く収集し、その重要なものを網羅した」とあり、四には「国語項目の解説に当たっては、つとめて古典から文例を引用し」たと記されている。古典から引用された「文例」には当然依拠した文献の名が示されている。『広辞苑』の見出し「しゅってん」及び「てんきょ」には次のように記されている。

しゅっ‐てん【出典】 故事・成語・引用句などの出所である文献・書籍。また、その出所。典拠。「―を探す」

てん‐きょ【典拠】（言葉や文章などのもとになった）よりどころ。出典。「―を明らかにする」

今、これを書いているのが二〇一九年五月であるが、「令和」が元号となった。改元直後、新聞には「令和」にまつわる話題が連日掲載されていた。それらの記事を見ていると、「令和の典拠となったのは『万葉集』だ」という記事と「令和の典拠となったのは『万葉集』に収められた梅花の歌の序だ」という記事とがあった。前者は、「令和」の典拠を文献名としてとらえており、後者は具体的な文章としてとらえている。

『広辞苑』の見出しをよくよくみると、「てんきょ(典拠)」は「(言葉や文章などのもとになった)よりどころ」であるのだから、「このような話がありますが」というかたちで話をして、「その話の典拠を教えてください」と質問された場合、「この本にこういうかたちで載せられている」というような答え方をする。「この本にあるよ」という答え方もあるだろうが、「この本にこういうかたちで載せられている」の「こういうかたち」が「よりどころ」であろう。『広辞苑』の「てんきょ」の語釈は筆者にはそうよめる。

一方「しゅってん」の語釈にははっきりと「出所である文献・書籍」とあるのだから、これは「この本」を指していると思われる。しかし見出し「しゅってん」の語釈を全体としてみれば、「故事・成語・引用句などの出所である文献・書籍。また、その出所。典拠」とあるのだから、「この本＝文献・書籍（名）」も「こういうかたち＝出所・よりどころ」もともに「しゅってん（出典）」であると「よむ」べきなのだろうと思う。

参考のために、『大辞泉』と『大辞林』の見出し「しゅってん」「てんきょ」をあげてみよう。

しゅっ‐てん【出典】 故事・成語、引用文、また引用された語句などの出所である書物。典拠。「―をさがす」「―を明示する」

てん‐きょ【典拠】 頼りにできる根拠。文献などにみえる、しっかりしたよりどころ。「―を示す」（『大辞泉』）

しゅってん【出典】 故事成語あるいは引用した語句などの出所である書物。典拠。「用例の―を明らかにする」

てんきょ【典拠】（文献上の）確かな根拠。よりどころ。「―を示す」「…を―とする」（『大辞林』）

『大辞泉』の見出し「てんきょ」は「文献などにみえる、しっかりしたよりどころ」の

「文献などにみえる」が語釈として効いていてわかりやすい。そして見出し「しゅってん」の語釈は『広辞苑』の語釈同様、「書物」と「典拠」との二つを併せているところからすれば、「文献・書籍」と「実際の言説」とが「しゅってん」であるという認識は共通していることがわかる。

『大辞林』の見出し「てんきょ」も「文献上の」という説明を加えることで、文献そのものは「てんきょ（典拠）」ではないことが明示されており、誤解はなさそうだ。

さて、「シュッテン（出典）」「テンキョ（典拠）」の語義を確認した上で、話をさらに進めていきたい。次に見出し「ござりんす」をあげる。

ござり-んす（ゴザリマスの転）（近世の遊里語。後期では江戸新吉原で専ら用いられた）いらっしゃる。…でございます。遊子方言「あいさつがしにくう—」

右の項目の「遊子方言」が出典にあたる。

『広辞苑』は「遊子方言」を「洒落《しゃれ》本《ぼん》。田舎老人多田爺（丹波屋利兵衛）作。一冊。一七七〇年（明和七）刊。題名は「揚子方言」をもじる。半可《はんか》通《つう》の滑稽を描いたもので、後の江戸洒落本の定型をつくった」と説明している。これが文献・書物名で「あいさつがしにくう――」が「よりどころ・典拠」ということになる。

『遊子方言』には「あいさ　さやうで御座ります。何かしれぬ事ばつかりおつしゐんすから、あいさつがしにくう御ざりんす」という行《くだ》りがある。この「御ざりんす」を「ゴザリンス」という語を書いたものであるとみて、見出し「ござりんす」の使用例として示している。

『広辞苑』は中型辞書であるので、大型辞書のように使用例をたくさん、かつ引用を長くあげることはできない。それは辞書の規模からいってしかたのないことである。しかし、「文例」があげられていることによって、「ああ、こういうように使われたのか」ということがなんとなくにしてもわかることもあるし、文献名が示されることによって、語が使われた「文字社会」が、これまたなんとなくにしてもつかめることがある。そして、そうしたことによって、語の理解が少し立体的になる。「立体的」は場合によると「イメージできる」ということにつながる。

「はい、見出しになっている語の語義はこれですよ」は「Xの語義はY」という感じで、いわば「静的」、動きがない。そこに、「こういう文献にこういうかたちで使われていました」という情報が加わることによって、わずかにしても「動き」がでてくる。語の「動的理解」というと少し大げさだろうが、でもそんな感じだろう。語のまわりに「空間」がでてきて、辞書全体がふくらみをもつという感じだ。

語の集まりを語彙と呼ぶ。語彙は体系をなしていると考えるので、「語彙体系」という表現が使われる。日本語には日本語の語彙体系がある。それは語の「宇宙」のようなものだ。辞書全体がふくらみをもつと、この「語の宇宙」になんとなく近づいていく。それが辞書のあるべき姿なのではないだろうか。「宇宙」では星が生まれたり、消滅したりする。語も生まれたり、消滅したりして、そこには「動き」がある。語同士にも関係がある。そういう「語のざわめき」というか「語の動き」が感じられるような辞書、語と語とが「対話」し合うことができるような辞書が、「来たるべき辞書」ではないだろうか。このことについては、第六章でもういちど考えてみたい。

出典略称一覧について――いちゃもん風に

「凡例」が終わると「略語表」があり、それについで「出典略称一覧」が五ページ半にわたって掲げられている。冒頭には「本文解説中に引用した文献のうち、略称を用いた書名・

作者名を略称の五十音順に排列して掲げた」と記されている。またささいなこと一つ。ここでは「本文解説」という表現がなされている。「凡例」には「本文(の表記)」(前付一六頁上段)、「説明の本文」(同前)「語釈(の区分)」(同前)「説明文中」(同前)「解説」(同前)というように、筆者には同じものを指しているのではないかと思われる表現が複数あるように感じる。「国語項目」では「語釈」、「百科的事項」では「解説」を配置しているということで、全体としては、「解説」あるいは「説明」と表現しているということであるとすれば、もう少し説明のための表現を整理することは可能であるかもしれないなどと思ったということだ。

さて話を戻すが、五十音順排列は、実際に『広辞苑』を使っていて、この略称はなんだろうと思った時には便利だ。そのように使うことが多いだろうから、これで問題はない。しかし、それぞれの文献がいつ成立したものかということが知りたいこともあるのではないか。その場合、この一覧にそれが併せて示されているといいように思う。そういいながら、実際に一覧をみるとそういうスペースはなさそうだということがすぐにわかる。だからこれは、ありがちな「ないものねだり」の典型かもしれない。それでも何か工夫はできないだろうかと思うのは、『広辞苑』だからだろう。

この「出典略称一覧」をぼーっとにしても一度眺めてみると、いかに多くの文献をベースにして、『広辞苑』が成り立っているか、ということがわかる。さて、また「いちゃもん風」のことが気になってしまった。

え	延慶本平家	平家物語(延慶本)
な	長門本平家	平家物語(長門本)
や	屋代本平家	平家物語(屋代本)
き	金刀本平治	平治物語(金刀比羅本)
	金刀本保元	保元物語(金刀比羅本)
し	十巻本和名抄	倭名類聚鈔(十巻本)
た	大石寺本曽我	曽我物語(大石寺本)
わ	和名抄	倭名類聚鈔

『平家物語』の場合は、「延慶本」「長門本」「屋代本」と三種類のテキストが使われているので、それを区別する。これは当然のことだ。そのことからすると、『平治物語』『保元物語』については、それぞれが「金刀比羅本」と呼ばれるテキストを使っているということで

あって、「金刀比羅本」以外の『平治物語』『保元物語』は使われていないようにみえる。あるいは「略称」を使わないかたちで、「金刀比羅本」以外の『平治物語』『保元物語』が使われているかもしれない。「大石寺本曽我」も同様で、『曽我物語』として「大石寺本」以外のテキストが使われているのだろうか。

「十巻本和名抄」「和名抄」はもう少し気になる。まず「正称または通称」として「倭名類聚鈔(十巻本)」「倭名類聚鈔」を示しているのに、「略称」はなぜ「十巻本和名抄」「和名抄」なのか、ということだ。もちろん「わみょうるいじゅしょう」と呼ばれる辞書の「わ」にあてられる漢字に「和」と「倭」とがあるということはそのとおりであるが、それを「略称」と「正称または通称」で両用しなくてもいいのではないかということだ。筋からいえば、「正称または通称」を略したものが「略称」であるはずだから、「略称」が「倭」とあるべきだろう。しかしここにまたもう一つ問題がある。「正称または通称」では「倭名類聚鈔」と「鈔」を使っているのに、「略称」では「抄」を使う。「かたいこといわんといてやー」ということなのかどうか。

さらに、『和名類聚抄』には十巻本と二十巻本とがある。これは大学で日本語の歴史(国語史・日本語史)を学べば必ず話題になるようなことである。それをふまえると、「わ」のところに置かれている「倭名類聚鈔」には「(二十巻本)」とあった方がいいのではないかと思う。しかしまた、十巻本と二十巻本とは重なっている箇所も多いから、十巻本にしかない記事を出典とする場合のみ「十巻本」と表示しているということであるのか、などいろいろなことが頭をかけめぐり、頭が少しシューシューしてくる。

そんな風に考えながらもう一度一覧を眺めていると、「へ」に「平家」「平治」、「ほ」に「保元」、「そ」に「曽我」という略称があることに気づいた。本書の執筆がきっかけとなって面識を得ることができた『広辞苑』の編集長によれば、『平家物語』の標準的なテキストからの引用、もしくはどのテキストにも共通の文からの引用ならば「平家」とのみ記し、あるテキストにしかない文の引用ならば例えば「長門本平家」などと記す、のだそうだ。「和名抄」も同様の考え方とのこと。『平家物語』は四種類のテキストが使われていたのか。「標準的」なテキストはどのように選ばれているのか。うーむ、「頭シューシュー」は収まらない。

ここには記さなかったが、まだ他にも想像することはある。いずれにしても、こういう「頭シューシュー」を避けるためにも、何か「手当て」があるといいのではないかと思う。

さて、「出典略称一覧」は「古典作品」と「近代作家」とにわかれている。「近代作家」は与謝野晶子から仮名垣魯文まで、三十七名。夏目漱石を出典とする見出しを探すゲームはどうだろうと思ったりもするので、第六章にそういうものを設定してみたが、おもしろいというよりもただただ大変なだけかもしれない。それでは変わり種を一つ。小栗虫太郎の「黒死館殺人事件」を出典とする項目だ。

さいき-ねつ【再帰熱】回帰熱に同じ。小栗虫太郎、黒死館殺人事件「テレーズが―にて死去したるは哀れとも云ふべく」

小栗虫太郎の「黒死館殺人事件」は雑誌『新青年』の昭和九（一九三四）年四月号から十二月号にかけて連載されている。夢野久作の「ドグラマグラ」とともに「奇書」と呼ばれることもある。そうした作品が出典として使われているのはおもしろい。

『日本国語大辞典』の見出し「さいきねつ」には「さいき-ねつ【再帰熱】《名》「かいきねつ（回帰熱）」に同じ。＊東京朝日新聞-明治二九年（1896）五月二八日「各府県下に於て再帰熱の流行することは過日来数々報道せし所なるが」とあり、一八九六年の『東京朝日新聞』が出典としてあげられている。『広辞苑』は「おぐりむしたろう（小栗虫太郎）」は見出しにして「小説家。本名、栄次郎。東京生れ。怪奇に富んだ探偵小説を執筆。作「黒死館殺人事件」「完全犯罪」など。(一九〇一―一九四六)」と説明しているが、「こくしかんさつじんじけん(黒死館殺人事件)」は見出しにしていない。

『日本大百科全書(ニッポニカ)』は「こくしかんさつじんじけん(黒死館殺人事件)」を見出しにしている。

> 小栗(おぐり)虫太郎の長編推理小説(1934)。黒死館という妖異耽美(よういたんび)の城館と、そこに住む奇怪な住人たち。そこで発生した連続殺人事件を捜査する刑事弁護士法水麟太郎(のりみずりんたろう)。一見バン・ダイン風の本格推理小説で、オカルティズム、魔術、神秘学などのペダントリーに粉飾された内容は読者のど肝を抜くのに十分な迫力がある。(以下略)

つまり中型辞書は「おぐりむしたろう(小栗虫太郎)」は見出しにするけれども、「こくしかんさつじんじけん(黒死館殺人事件)」は見出しにしない。百科事典は「こくしかんさつじんじけん」も見出しにしている。このことのみで中型(国語)辞書と百科事典との違いということはもちろんできないけれども、そういう点に違いがでるということはいえよう。

筆者の興味としては、そちらよりも、『広辞苑』が「さいきねつ(再帰熱)」をなぜ見出しにしているか、ということに向く。そこで「語がざわめいている」ように感じる。『辞苑』をみると、『辞苑』ですでに見出しになっている。したがって、『広辞苑』はこの『辞苑』の見出しを継承していると思われる。

さいき-ねつ〔再帰熱〕(名)【医】(かいきねつ)(回帰熱)。
かいき-ねつ〔回帰熱〕(名)【医】伝染病の一種。螺旋状菌が体内に侵入するに原因し、高熱・戦慄等五・七日後に消失し、約一週間健康状態となり、再び前症状を起こし、病状は平常、相反復する。

『辞苑』の刊行時、すなわち昭和十(一九三五)年の時点で、「カイキネツ(回帰熱)」が標準的に使われていたことを思わせる見出しのたてかたである。「サイキネツ/カイキネツ」に対応する英語は「relapsing fever」あるいは「recurrent fever」で『リーダーズ英和中辞典』は「relapsing fever」を見出しにして「回帰熱」という和訳を配している。英語からの翻訳語ではないかというのが筆者の「みたて」であるが、例えば昭和六年三月に冨山房から初版が発行されている市河三喜他著『大英和辞典』には、見出し「recurrent」の条中に「recurrent fever.[医] 回帰熱、再帰熱」とある。また、昭和十一(一九三六)年三月五日発行(実際に使用したものは、昭和十三年一月発行のもの)の『新英和大辞典』(研究社)を調べてみると、見出し「relapse」の語義1の3のaに「病気が再発する(ぶり返す)、病状が革(あらた)まる」とあり、「relapsing fever 再帰熱」が使用例としてあげられている。ただし、この辞書の見出し「recurrent」の条中に「recurrent fever」はあげられていない。

3 言語生活への寄り添いかた

現代語の作例——編集者の息抜き?

「古典から文例を引用」している一方で、「現代語」に関しては「作例」をあげて「語の用法を実地に示した」とある。『広辞苑』には次のようにある。『大辞泉』『大辞林』の見出しも併せて示す。

さく-れい【作例】詩文などを作る手本となる実例。

さく-れい【作例】①詩文などの、作り方の実例や手本。「手紙文の―」「―を示す」②辞書で、その語の用法などを示すために作る例文。(『大辞泉』)

さく れい【作例】①詩文などの作り方の実例・手本。②辞書などで、語の用例をつくること。また、その用例。(『大辞林』)

『広辞苑』の見出し「さくれい」の語釈「詩文などを作る手本となる実例」の「詩文」を詩のようなものと文章と分けてとらえれば、辞書が示している「作例」も、文章を書くための手本といえなくもない。だから『広辞苑』の語釈がよくないということはまったくない。しかし、『大辞泉』や『大辞林』の、語義を二つに分けた語釈をみると、分けて語義を説明したほうがわかりやすいかもしれないとも思う。

さてその「作例」であるが、次の見出しをみていただきたい。

でれ-でれ 動作・態度・服装などに締まりがなく、だらしないさま。特に、異性に心を奪われたり愛情におぼれたりして毅然とした態度がとれず締まりがないさまにいう。「―

と歩く」「女に—する」

「—と歩く」「女に—する」が作例にあたる。この項目で作例が二つあげられているのは、語義は二つに分けられて記述されていないが、「動作・態度・服装などに締まりがなく、だらしないさま」と「特に」以下と(やんわりだが)二つに語義が分かれているからであろう。当然「—と歩く」が「特に」の前の語義、「女に—」が「特に」以下の語義に対応している。また、前者は「ト」がつく場合、後者は「スル」がつく場合になっている。ちなみにいえば、『新明解国語辞典』第七版には次のようにある。

でれでれ(副)—と —する 言動や態度に緊張を欠き、いかにも締まり(節度)の無い感じがする様子。〔口頭語的表現〕「しょっちゅう女に—して、見ちゃいられない」

『朝日新聞』のデータベース「聞蔵Ⅱ」で昭和六十(一九八五)年以降の記事を範囲として「でれでれ」を検索してみると、なんと十一件しかヒットしない。『新明解国語辞典』が「口頭語的表現」と記しているように、新聞のような「書きことば」では使われない語といってよいだろう。

しかし、とにかく作例が添えられていることによって、当該語の使い方は理解しやすいし、それによって語義の理解も助けられることはたしかだ。そしてまた作例に、その辞書の「趣味」や「嗜好」が現われているように見えなくもない。こんなところで、辞書編集者は息抜きをしているようにも思われてくる。

複数の漢字列から

「表記形」の条では、「漢語・和語」について、「相当する漢字がいくつかある場合は、現代標準的と思われるものをもって代表させた」(前付一二頁下段)と記されている。しかし、実際に見ていくと、見出し直下に複数の漢字列が示されている項目が少なからずある。

そ-すい【疏水・疎水】①水を流すこと。②灌漑・給水・舟運または発電のために、新たに土地を切り開いて水路を設け、通水させること。また、そのもの。多くは湖沼・河川から開溝して水を引き、地形によってはトンネルを設けることもある。琵琶湖疏水が有名。

「常用漢字表」ということでいえば、「疏」は「常用漢字表」に載せられていない字で、「疎」は載せられている。昭和二十一（一九四六）年に内閣訓令として示された「当用漢字表」まで遡ってみると、「当用漢字表」においても、「疎」は載せられているが、「疏」は載せられていない。

「疏」字には〈通る・通す・うとい〉という字義がある。〈すきまがある〉ので〈通りやすい〉、人と人との間に〈すきま・懸隔〉があれば〈うとんでいる〉ということだ。したがって、漢語「ソスイ（疏水）」は〈土地を切り開いて水を通すこと〉あるいはその〈水のみち〉を語義としている。白居易が使っていることが確認できる。『大漢和辞典』（大修館書店）は見出し「疎」を（おそらくは）『正字通』の記事に基づいて「疏に同じ」とあっさりと記している。

この「同じ」をどう理解すればいいかということになるが、例えば『康熙字典』においても、根拠は『正韻』に求めているが、「疏」字を見出しにして「同疏」とだけ記し、それに続けて「疏」字を見出しにし、そこに語釈を記述している。『康熙字典』『大漢和辞典』は「疎」字と「疏」とが「同」であるという「判断」を示した上で、「疏」字の条に語釈などを記しており、「疏」をいわば「本見出し」、「疎」を「参照見出し」のように扱っていることがわかる。「疏」「疎」が「同」であるから「当用漢字表」や「常用漢字表」のような「表」

にはどちらかが入っていればよい、ということになるだろう。ただし「当用漢字音訓表」「常用漢字表」が「疎」字に認めている和訓は「うとい」「うとむ」である。しかし、明治期には「ソエン」を書くのに「疏遠」「疎遠」いずれの漢字列も使っていたことが『日本国語大辞典』が掲げている使用例によって確認できる。

見出し直下に複数の漢字列が示されている項目を拾って、どうして複数なんだろうと考えたり、調べたりするのもおもしろいかもしれない。

文語形と口語形

「凡例」の「文語形と口語形」の条（前付一四頁上段）には次のように記されている。

1　活用語は、口語形見出しの下に、文語の用法をも併せて解説した。文語形のみあって、口語形が普通には行われない語については、その限りでない。

2　口語形項目には、解説の冒頭に、対応する文語形を図として示した。ただし、文語・口語同形の場合は省いた。

し・いる《シヒル》【強いる】《他上一》図し・ふ（上二）

しょう・する【称する】《他サ変》図称す（サ変）

3　文語形・口語形の見出しが排列上相並ぶ場合は、文語形見出しを立てなかった。

『広辞苑』初版の「凡例」においては「解説について」の6に「文語と口語とで同じ語義のものは、原則として文語の項目に語義の解説を置き、口語の項目には〈　〉の口語と示すにとどめた」（前付七頁上段）と記されている。初版では「文語」を軸に項目がたてられていることがわかる。

二版の「凡例」においては「活用語の口語形」という条に「文語と口語とで終止形の異なる語は、それぞれ別に見出しを立てた」と記され、「1　解説・用例は文語項目にまとめて施し、その末尾に口語形を掲示した。文語・口語両項目が相並ぶ場合は、この掲示を太字にして、口語形の見出しに代えた」（前付九頁下段）とある。

ここでは、終止形が異なる語形になる場合は「別に見出しを立て」ており、初版とはやや扱いが異なっている。しかし、「解説・用例は文語項目にまとめて」おり、依然として「文語項目」が軸になっているといえるだろう。「相並ぶ」の淵源はここにあった！　さて、三版には、先に引用した七版と同じ「活用語は、口語形見出しの下に、文語の用法をも併せて解説した。文語形のみあって、口語形が普通には行われない語については、その限りでない」が記されているので、昭和五十八(一九八三)年になって、「口語形」を軸として項目が立てられるようになったことがわかる。

これは非常に興味深い。筆者はかねてから、辞書がどのような範囲の語を見出しとして採用するかということに関して、過去に使われていた語をどの程度見出しにするかが観察ポイントの一つであると述べてきた。過去に使われていた語が当該時期の言語生活にどの程度かかわるか、ということだ。具体的にいえば、『万葉集』を読む人がどのくらいいるかとか、短歌や俳句をたしなむ人がどのくらいいるか、というようなことだ。

『広辞苑』初版が発行された昭和三十(一九五五)年にははっきりと文語が軸となっており、二版が発行された昭和四十四(一九六九)年には、まだ文語に重点が置かれ、三版が発行された昭和五十八(一九八三)年には口語が軸となっている。これは、想定されている『広辞苑』使用者の、これまた想定されている言語生活に占める文語が次第に少なくなってきていることを反映したものといえるだろう。逆に『広辞苑』の編集方針から、言語生活に占める文語の位置がわかる、といってもよいかもしれない。『広辞苑』を通していろいろなことを窺うことができる。

「凡例」をじっくりと読むことによって『広辞苑』がどのように編集されているかが（次第に、ということかもしれないが）よくわかってくる。やはり、一度は「凡例」を読むことをおすすめしたい。

第二章　『広辞苑』の歴史と日本語の歴史

1　『辞苑』から『広辞苑』へ

『広辞苑』初版の刊行にいたるまで

本章では、『広辞苑』の「歴史」を「日本語の歴史」と重ね合わせてみよう。先に述べたように、見坊豪紀が辞書は「ことばを写す鏡」で「ことばを正す鑑」であると述べたことが知られている。その「ことばを写す鏡」という観点から『広辞苑』の「歴史」を概観したい。『広辞苑』第七版を開くと扉ページがあり、そこには縦書きで「新村出《いずる》編」とあり、左横書きで「広辞苑」とあり、ページの下部にはやはり左横書きで「岩波書店」とある。ページのなかほどには、山と樹木のような絵が描かれている。これは初版もまったく同じであった。今まで、この絵に気をとめたことはなかったが、このページの裏面には「装幀　安井曾太郎」とあって、安井曽太郎(一八八八―一九五五)が描いたものであった。『広辞苑』にはちゃんと見出しがある。

やすい-そうたろう：：ヰ：：ラウ【安井曽太郎】洋画家。京都生れ。浅井忠《ちゅう》に師事。フランス滞在中ピサロ・セザンヌらの影響を受ける。一水会を創立。東京芸大教授。作「金蓉」など。文化勲章。(一八八八―一九五五)

ちなみにいえば、第六章で詳しく採りあげるロゴヴィスタ版(筆者が使っているのはDVD-ROM版)で検索をかけると、安井曽太郎の写真もいっしょに見ることができる。

『広辞苑』扉

さて、第七版の冒頭には「自序〈第一版〉」とあって、『広辞苑』初版(昭和三十〈一九五五〉年五月二十五日第一版第一刷発行。筆者が「初版」として使用するのは、昭和三十六年十一月十日に発行されている第一版第十刷)冒頭に置かれていた「自序」すなわち編者である新村出が著した「序」がそのまま第七版の冒頭にも置かれている。初版の「自序」の末尾には「昭和三十年、一九五五年、一月一日　京都　新村出」とあって、元号と西暦とが併記されている。新村出は明治九(一八七六)年生まれなので、初版が発行された時には、数えで八十歳であった。

初版の末尾には「後記」が置かれている。初版ができあがるまでを、その記述に基づいて整理すると次のようになる。

昭和二十年四月二十九日……「昭和十年の初頭以来」「完成を急ぎつつあった改訂辞苑の原稿」と組版が戦火によって焼失し、「ただ一束の校正刷のみ」が残った。

昭和二十年十二月……岩波書店と新村出との間で「辞苑の改訂に関する協定」成る。

昭和二十一年四月……岩波書店主岩波茂雄死去。

昭和二十三年九月十三日……岩波書店内の「一室を借りて新編集部を開設」。

昭和二十八年三月……原稿が岩波書店にわたる。

昭和二十八年六月……「大日本印刷株式会社市谷工場」に原稿が搬入される。

そして昭和三十(一九五五)年五月に初版が刊行されるに至った。

編者・新村出

第七版も「新村出編」を謳うが、「第七版の序」は「新村出記念財団代表理事」藤本幸夫によって記されている。そこには次のように記されている。

編者、重山《ちょうざん》新村出（一八七六―一九六七）は研究生活後半部の多くを辞書編纂に捧げたが、その素志は師上田万年博士の許で兆し、松井簡治《まついかんじ》主編『大日本国語辞典』や大槻文彦《おおつきふみひこ》『大言海』の編集室、或いはイギリスに『オックスフォード英語辞典』出版所を探訪した感動から、日本にも同書の如き大辞典をと、学士院で五十年計画を以って立案せんことを上田博士に進言したこともあった。重山は慫慂されて『大言海』第二至四巻の校訂及び校正に携わっているが、大いに啓発され又好機を与えられたと感激を以って述懐している。これに経験を得、又東西書肆の慫慂を受けて、一九三五年『辞苑』や一九三八年『言苑』を皮切りに一九六一年までに、『言林』『小言林』『国語博辞典』『新辞林』『新辞泉』『ポケット言林』『広辞苑』『新国語辞典』『（改訂版）言林』『新版言林』等、利用者の対象は異なるものの十二種の辞書が次々に出版されており、中には好評を博し二百刷を越えるものもある。取分け『辞苑』は大きく飛躍して一九五五年刊『広辞苑』となり、国民的歓迎を受けた。（中略）『辞苑』改訂から『広辞苑』第四版に至るまで、猛氏が中心となって刻苦砕心されたが、重山にはさぞかし心強く、大きな安堵でもあったろう。

「重山」は〈山が重なる〉ということである。実父である関口隆吉が山形県令から山口県令に転任した先の山口県山口で生まれたこと、名前の漢字「出」が「山」が重なっているともいえる成り立ちをしていることに由来してつけられた雅号といわれている。

「猛氏」は新村出の次男、新村猛（一九〇五―一九九二）のことである。引用した言説によって、『辞苑』が『広辞苑』へと展開したことがわかる。『辞苑』から『広辞苑』第七版までを整理すると次のようになる。筆者が『辞苑』として使うのは昭和十二（一九三七）年四月二十二日に発行された一四二版。またちなみにいえば、『辞苑』の装幀は恩地《おんち》孝四《こうし》郎《ろう》が担当している。筆者が『広辞苑』第二版として使用するのは、昭和四十七（一九七二）年十月十六日に発行されている第六刷、第三版として使用するのは、昭和六十二（一九八七）年十月十五日に発行されている第五刷、第四版、第五版、第六版、第七版として使用するのは、それらの第一刷である。

『辞苑』初版……………昭和十（一九三五）年二月五日博文館発行
『広辞苑』初版…………昭和三十（一九五五）年五月二十五日
第二版…………昭和四十四（一九六九）年五月十六日

第二版補訂版…昭和五十一(一九七六)年十二月一日
第三版…………昭和五十八(一九八三)年十二月六日
第四版…………平成三(一九九一)年十一月十五日
第五版…………平成十(一九九八)年十一月十一日
第六版…………平成二十(二〇〇八)年一月十一日
第七版…………平成三十(二〇一八)年一月十二日

『言海』であれば大槻文彦、『広辞苑』であれば新村出というように、明治期以降に編まれた辞書には、「辞書を編む人＝辞書編集者」が必ず存在する。新村出がどのようにして『広辞苑』を編んでいったかについては、すでにいくつかの書物によって詳しく紹介されている。

新村猛『「広辞苑」物語　辞典の権威の背景』(一九七〇年、芸術生活社)
新村恭《やすし》『広辞苑はなぜ生まれたか　新村出の生きた軌跡』(二〇一七年、世界思想社)
岡茂雄『本屋風情』(一九七四年、平凡社、一九八三年、中公文庫、二〇一八年、角川ソフィア文庫)(引用は角川ソフィア文庫による)

新村猛は、先ほど述べたように、新村出の息、新村恭はその新村猛の息であるので、新村出は恭の祖父にあたる。これら二人によるものは、新村出の身近な人によって著されており、新村出がどのように『広辞苑』を編んでいたかを具体的に知る好著といってよい。

新村出の人となりについては、右の書物によっていろいろなことを知ることができるので、本書は中型国語辞書『広辞苑』そのものとしっかりと「向き合う」ことを目指したい。

「百科的」項目の起源

『本屋風情』を著した岡茂雄(一八九四―一九八九)は大正十三(一九二四)年に民族学、民俗学、考古学専門の書店、「岡書院」を創立し、翌年には山岳書出版を専門とする「梓書房」を創立している。筆者の中では、「岡書院」は、フェルディナン・ド・ソシュールのジュネーヴ大学における一九〇六年から一九一一年にかけての言語学の講義をバイイとセシュエがまとめた『一般言語学講義 *Cours de linguistique générale*』の日本語訳をいちはやく出版した出版社だ。小林英夫訳『言語学原論』は一九二八年に出版されている。そのことについては『本屋風情』の「16 ソッスュール『言語学原論』を繞《めぐ》って」において述べられているが、続く17が「『広辞苑』の生まれるまで」というタイトルになっている。そこには次のように記されている。

新村先生に、中・高校生また家庭向きの国語辞典の御著作をお願いした。語源や語誌の造詣《ぞうけい》深い先生のことであるから、さだめしユニークな国語辞典ができるであろうと、ひそかに期待したからである。

先生は即座に「僕はそのようなものには興味をもたない」とおことわりになった。しかし、大変申しわけないことではあるが、幼年期に父を失った私は、先生を親仁《おやじ》のように勝手に思い込んで慕っていたので、そのようなことでは引き下がろうとはせず、しつこくお願いしているうちに、「昔、高等師範で教えたことのある溝江《みぞえ》(八男太《やおた》)君というのが、長く勤めていた女学校の校長をやめて、今福井に隠退しているが、その溝江君が手伝ってくれるといったら、仕方ない、やってみてもよい」と渋々ではあったが、応じて下さった。

それで早速、福井に溝江先生をお訪ねし、新村先生のお言葉を伝えて御容諾を願ったところ、溝江先生は「私は学校向きの国語辞典については、意見をもっていますが、それを新村先生がお容《い》れ下さるなら、及ばずながら御手伝い申し上げましょう」といわれた。(一三六〜一三七頁)

『辞苑』巻頭には「昭和十年一月」の日付をもつ新村出の「自序」が置かれている。そこには「纂術に査閲に印刷に校正に画図に、各々その意を致し力を竭された人人に対しては、感激の辞を知らぬ。就中《なかんずく》、特筆せねばならぬのは、理学博士武田久吉《ひさよし》氏が、その専門に属する植物学上の検討ばかりでなく、自然科学に関する方面の名称をはじめ、人文現象に関する用語、その他新外来語等についても、終始有力な補翼を賜はつたことに対する感謝の念である。又、多年国語教育の富贍《ふせん》なる経験よりして、本辞書の立案より編輯・印刷等に渉つて、四年間、細大となく、編者のために尽瘁された越前福井の士溝江八男太氏の労苦と篤厚とに対して深謝の情に充たされてゐることを一言せねばならぬ」とある。

右には「理学博士武田久吉」と「越前福井の士溝江八男太」二人の名前があげられているが、溝江八男太については、先の岡茂雄『本屋風情』の引用中にも名前がでてきている。

武田久吉はアーネスト・サトウと日本人武田兼との次男で、新村出と親交があった。武田久吉は明治三十八(一九〇五)年に日本山岳会を創立し、初代の日本山岳協会会長をつとめ、尾瀬の自然の保護にも努めた。

新村恭『広辞苑はなぜ生まれたか』のⅡ「真説『広辞苑』物語」においては、新村「出が溝江を指名したのは」「研究者や研究者の卵よりも、一定の経験をもった中学・高校の国語の教師を中心に据えるほうが、実際的でよいとの考えが出にはあった。これは『広辞苑』等の編纂、改訂の際まで通じている」(一六〇頁)と述べている。

『辞苑』編輯作業が進行するにつれ、岡茂雄は「予定していたのよりもはるかに大部になるので、小出版社の岡書院では難しい」(一六一頁)と考えるに至り、「同郷の先達《せんだつ》、岩波茂雄に伺いをたてた」が断られる。結局、渋沢栄一の嫡孫である渋沢敬三の仲介によって、『辞苑』は博文館から刊行されることになる。

それにしても、『辞苑』が「百科的」項目を見出しにしているのは、溝江八男太の意見であったとは意外としかいいようがない。『広辞苑』が「百科的」項目を見出しにするにあたっては、『広辞苑』としての「編集方針」があったと思われるが、その「淵源」が『辞苑』にあったという「みかた」はできるだろう。『辞苑』から『広辞苑』への「道のり」は決して平坦なものではなかったことがさまざまな書物によって指摘されている。

しかしここでは、そうした「道のり」についてではなく、『辞苑』初版が出版された昭和十(一九三五)年から、『広辞苑』第七版が出版された平成三十(二〇一八)年までの八十三年間を「日本語の八十三年」としてとらえてみたいと思う。

2 日本語の八十三年——『辞苑』初版から『広辞苑』第七版まで

見出しを対照する

ここでは、『辞苑』初版から『広辞苑』第七版までの対照を試み、その対照の結果からいろいろなことを考えてみたい。

このような対照の場合、いくつかのやりかたが考えられる。例えば、金武伸弥は『『広辞苑』は信頼できるか 国語辞典一〇〇項目チェックランキング』(二〇〇〇年、講談社)において、サブタイトルにあるように、「辞書や用字用語に関心の深い大学や新聞社などの方々の意見にもとづいて選んだ」(一九頁)一〇〇の項目について二十一種類の辞書を対照している。「項目」には「片手で持てる大きさ、重さか」「見出し語・慣用句などは大きくわかりやすいか」「季語を示しているか」なども含まれており、見出しのみの対照ではない。

こういう対照のしかたもあるし、本書のように見出しのみを対照するしかたもある。いずれにしても、対照した「項目」が妥当であるかどうかが対照から導き出される分析にかかわってくることはいうまでもない。「妥当であるかどうか」を測定する「規準」があるわけではないので、どこまでいっても、「この項目で対照しました」ということにとどまるといえばとどまる。そのくらいの寛容な気持ちで対照結果をみていただけるといいかもしれない。まず『辞苑』の一ページを選んだ。どの一ページでもいいといえばいいのだが、和語、漢語、外来語、固有名詞すべてが含まれているページ、具体的には『辞苑』初版の一六四一頁を選んだ。

さて、『広辞苑』第七版の「凡例」の「見出し語の排列」の条には「親項目と追込項目」という小見出しが設けられ、その１・２には次のように記されている。

１　複合語は、語構成上の最初の部分が見出し語として掲げてある場合には、それを親項目としてその下にまとめ、追込項目とした。ただし、一語意識のつよい語は独立項目とした。

２　追込項目の見出し表記は、その親項目に相当する部分を繰り返さず、「―」で示した。

「一語意識のつよい語」は「誰が」ということについて少し曖昧な表現に感じられもする。

「ひろく一語と認められていると（編集者が）判断した語」とでも表現すると、より趣旨がはっきりするのではないだろうか。もちろん言わんとすることはわかる、ということを前提とした上でのことだ。

『辞苑』初版の一六四一頁には「ねっそ（熱素）」から「ねのこ（子子）」まで見出しが六十八載せられている。「ねっせんりん（熱線輪）」は前のページからの続き、「ねのとしびと（子年人）」は次のページに続いているので、これらは除いた。

『辞苑』初版から『広辞苑』第七版において、この「ねっそ」から「ねのこ」までにどのような見出しがあるかを一覧できるようにしたものが巻末の「附表」だ。○は見出しがあることを、×は見出しがないことを示す。△は何らかの「小異」があることを示す。

『辞苑』の「凡例」には、右でいうところの「追込項目」について記されていない。記されていないが、『辞苑』にも「追込項目」はある。表では「親項目」と「追込項目」との区別をせず「―」には文字を入れて表示した。

また「ねったいかいじょうはつでん（熱帯海上発電）」は長い見出しであるので、表作成上の理由から除くことにした。見出しに添えられている漢字列は（複数が示されていても）一つのみ示した。また省いた場合もある。

これから述べていくことにはほとんど「この範囲内で」という留保がつく。それはむしろ当然のことともいえるので、一々そのようには表現しないことにする。また、このような対照結果をデータとしてぽんと渡されて、そこから何かを読み取ることは案外と難しいだろう。そうであるので、ここでは附表からよみとれることとともに、表をつくっている過程で気づいたこともあわせて述べていくことにしたい。

受け継がれる『辞苑』の項目

『辞苑』初版から『広辞苑』第七版までの出版年を改めて示しておこう。

『辞苑』初版………昭和十(一九三五)年
『広辞苑』初版……昭和三十(一九五五)年
　　　第二版…昭和四十四(一九六九)年
　　　第三版…昭和五十八(一九八三)年
　　　第四版…平成三(一九九一)年
　　　第五版…平成十(一九九八)年

第六版…平成二十(二〇〇八)年
第七版…平成三十(二〇一八)年

『辞苑』初版にあった(「ねったいかいじょうはつでん」を除く)六十七の見出しのうち、『広辞苑』初版が見出しにしているのは、五十八で、八七パーセントの見出しが受け継がれていることになる。『辞苑』初版の出版から『広辞苑』初版の出版まで二十年経過していることからすれば、これは高い数値にみえる。では『辞苑』初版にあった六十七の見出しはどれだけ第七版に受け継がれているかといえば、五十五の見出しが受け継がれている。パーセントで「語る」ようなデータ数ではないが、パーセントでいえば八二パーセントにあたる。『辞苑』初版の出版から、『広辞苑』第七版の出版までには八十三年が経過しているので、そのことからすれば、『辞苑』初版の見出しはずいぶん受け継がれているといえるだろう。

これは、『辞苑』初版が見出しとして採用しようとしていた語と『広辞苑』第七版が見出しとして採用しようとしていた語とが重なり合いをもつことを示しているといえよう。『辞苑』は「自序」において「古代語も中古語も、近世語も現代語も、なほまた新古の外来語も、人名や地名や書名やの如き固有名称も、広汎に載録する方針を以て臨んだ結果として、元より語数を以て辞書を評価する標準とすべきではないが、本書所載の語数は約十六万に達してゐる」(二頁)と述べている。

『広辞苑』第七版は「凡例」の「編集方針」の九において「収載項目は、本冊および付録『漢字小字典』『アルファベット略語一覧』をあわせて約二十五万である」と述べている。この「二十五万」という数字をそのまま使うならば、『辞苑』初版の「十六万」は六四パーセントということになる。そのことからすれば、『辞苑』初版の見出しは『広辞苑』第七版にかなりな程度継承されているといってよいだろう。こうした「みかた」は八十三年全体を見わたす「長いスパンでのみかた」だ。

附表で目立つのは、第六版において、「ネット」を親項目とする、「ネットオークション」「ネットカフェ」「ネットゲーム」「ネットサーフィン」「ネットショッピング」「ネットスコア」「ネットバンキング」「ネットワークアーキテクチャー」「ネットワークかでん」「ネットワークプロトコル」の十の追込項目が採用されていることだ。

『朝日新聞』の記事データベース「聞蔵Ⅱ」を使って「ネットサーフィン」に検索をかけてみると、平成七(一九九五)年二月十三日の記事がもっとも古い記事としてヒットする。記事の冒頭には次のように記されている。

インターネットのサイトからサイトへ渡り歩くことを、「ネットサーフィン」という。はまりこむと、溺れる危険もある。

「という」という表現は、まだこの「ネットサーフィン」という語がひろく使われているのではないことを思わせる。ヒット数は二〇三件で、案外多くない。同じように「ネットオークション」に検索をかけてみると、平成十一(一九九九)年七月十六日の記事がもっとも古く、二八三八件のヒットで、「ネットサーフィン」の十倍ほどのヒット数だ。しかし、毎日のように使われる語でもないこともわかる。

平成七年はWindows 95が発売された年で、この年あたりからインターネットがひろく使われるようになっていった。したがって、インターネットをめぐる語もこの年あたりから使われ始めたと思われるが、平成十年に発行された第五版では見出しとするに至らなかったのだろう。こうした「みかた」は、例えば、五版が発行された平成十年から七版が発行された平成三十年までの二十年という「短いスパンでのみかた」だ。辞書の見出しを観察するには、「長いスパンでのみかた」「短いスパンでのみかた」両方が必要だ。

3 変化をみる

長いスパンで──「ねど(寝所)」、「ねっそ(熱素)」

『辞苑』初版から『広辞苑』第七版まで変わらず見出しになっている語には注目する必要があるが、筆者はとりわけ「ねど(寝所)」が気になった。『日本国語大辞典』第二版には次のように記されている。

ね-ど【寝所】『名』「ねどこ(寝床)」に同じ。＊万葉(8C後)一四・三四二八「安多多良(あたたら)の嶺(ね)に伏す鹿猪(しし)のありつつも吾(あ)れは到らむ禰度(ネド)な去りそね〈東歌・陸奥〉」

つまり「ネド」は『万葉集』巻十四の「東歌」中で使われている語ということだ。『日本国語大辞典』はそれ以外の使用例を示していない。『日本国語大辞典』がそうだからといって、「東歌」中でしか使われていないということにはならないことはいうまでもない。その一方で、相当にひろく文献にあたっている『日本国語大辞典』にしてなお、「東歌」以外の使用例を見つけ出していなさそうなことからすれば、ひろく使われてきた語ではなさそうだという「見当」はさほど見当外れではないはずだ。『広辞苑』が『万葉集』において使われた語すべてを見出しにしようとしているのではないことはいうまでもないであろうが、確実に『万葉集』に足跡を残している語を見出しにしておこう、という（各版編集者の）「意志」のようなものを感じる。

同じ巻十四の「東歌」中で使われている語でいえば、「まだらぶすま」（＝まだらの夜具）（三三五四番歌）や「やまび」（＝山辺）（三三五七番歌）、「はまつづら」（三三五九番歌）なども見出しになっているので、『万葉集』で使われている語はかなり見出しになっていると思われる。なぜそう思うかといえば、「はまつづら」について、新日本古典文学大系『萬葉集　三』（二〇〇二年、岩波書店）は「浜に生えている蔓性の植物」（三一二頁脚注）と説明しながらも「未詳」と記しているからだ。「ツヅラ」は〈蔓性の植物の総称〉であるので、「ハマツヅラ」が「浜に生えている蔓性の植物」であることは語構成からわかる。だから「未詳」は植物学的に、という意味合いであろうが、「未詳」なんだからよくわかっていないといえばよくわかっていない。そういう語であっても、（というとハマツヅラに失礼であるが）見出しになっているということだ。「これは広辞苑のみの見出しでは?」と思って、『大辞泉』を調べてみたら……見出しになっていた。『大辞林』は……見出しにしていないので、この語(など)を見出しとするかしないかで、過去の日本語をどの程度とりこむか、という「方針」がわかれるとみることもあるいはできるかもしれない。

「ねっそ(熱素)」も気になる見出しである。『辞苑』初版には次のように記されている。『広辞苑』各版の項目も並べてみる(表現が変わった箇所に傍点を付した)。

ねっ-そ[熱素](名)**【理】**(Caloric)往時、熱は熱素と称する一種の物質と考へられ、物体の寒暖は、物体内の熱素の多少に因って起こるものとされ、又、熱素は極めて軽いもので、相互に反撥し又は吸引するものとせられ、これによって凡ての熱的現象が説明せられた。(『辞苑』初版)

ねっ-そ【熱素】(Caloric)十九世紀初期まで、熱は熱素と称する一種の物質と考えられ、物体の寒暖は、物体内の熱素の多少に因って起るものとされた。その後、熱は分子の運動エネルギーであることが確認され、熱素は否定された。カロリック。(『広辞苑』初版)

ねっ-そ【熱素】(caloric)一九世紀初期まで、熱を一種の物質と考えて、これにつけた名。

物体の温度変化は、物体内の熱素の多少に因って起るものとされた。（第二版）

ねっ-そ【熱素】（caloric） 一九世紀初期まで、熱を一種の物質と考えて、これにつけた名。物体の温度変化は、物体内の熱素の多少によって起るものとされた。（第三版）

ねっ-そ【熱素】（caloric） 熱を一種の元素と考えて、ラヴォアジエがつけた名。物体の温度変化は、物体内の熱素の多少によって起るものとされた。一七九八年、ランフォード（Rumford 一七五三–一八一四）の実験はこれを否定したが、熱素説はその後半世紀生きのびた。（第四版）

ねっ-そ【熱素】（caloric） 熱を一種の元素と考えて、ラヴォアジエがつけた名。物体の温度変化は、物体内の熱素の多少によって起るとされた。一七九八年、ランフォード（Count Rumford 一七五三–一八一四）の実験で否定された。（第五版）

ねっ-そ【熱素】（caloric） 熱を一種の元素と考えて、ラヴォアジエがつけた名。物体の温度変化は、物体内の熱素の多少によって起るとされた。一七九八年、ランフォードの実験で否定された。（第六版）

ねっ-そ【熱素】（caloric） 熱を一種の元素と考えて、ラヴォアジエがつけた名。物体の温度変化は、物体内の熱素の多少によって起るとされた。一七九〇年代にランフォード

の実験で否定された。(第七版)

辞書の語釈をこのように並べると、語釈を次第に整えていくという「みかた」をしたくなる。もちろんそういう面もあろう。しかし、他の見出しや語釈との兼ね合いもあり、辞書全体のボリュームがある程度決まっているとすれば、他の語釈を長くしたために、いずれかの語釈を短くしなければならなくなる、ということだってあり得る。したがって、「語釈は次第に整えられていく」という「みかた」にあまりとらわれない方がよい。

短いスパンで——「ねったいすいれん(熱帯睡蓮)」、「ねったいしまか(熱帯縞蚊)」

五版から七版までを見わたすと、平成十(一九九八)年から平成三十年までの二十年間ほどの日本語、日本語文化のありかたを考えるいとぐちになる。五版が見出しにしておらず、六版から見出しになった語は附表では十六ある。そのうちの十が、先に述べた「ネット」を前部要素とする複合語であるので、そうでない語は六ということになる。

その中に「ねったいすいれん(熱帯睡蓮)」がある。『広辞苑』は次のように説明している。

ねったい-すいれん【熱帯睡蓮】 観賞用に栽培する熱帯産のスイレン類。熱帯アフリカや東南アジア系の原種からアメリカで改良されたものが多い。

筆者はこの「ネッタイスイレン」という語を植物園で見た記憶がある。「熱帯睡蓮」と「温帯睡蓮」とが分けて展示されていたように思う。その時に、「睡蓮は一つではないのだ」ということに気がついて驚いたことをよく覚えている。そういうことがあったから、この「ネッタイスイレン」という見出しにいわば「反応」したのだろうが、これまで「スイレン」一語で捉えていた、いささか大げさにいえば「睡蓮の世界」が、原産地が「温帯／熱帯」いずれかということで二つに別れるということだ。ことばはこういうことに気づかせてくれる。ちなみにいえば、「聞蔵Ⅱ」で「熱帯睡蓮」に検索をかけてみると、平成二十六(二〇一四)年七月二十六日の記事、たった一件のみしかヒットしないので、新聞でよく使われる語ではなさそうだ。

辞書がどのような語を見出しにするか、ということについてはいろいろな考え方、「方針」があり得る。現在刊行する辞書であれば、「日常的な言語生活でよく使われる語」を見出しにするということは、もっとも基本的な「方針」といえるだろう。この場合の「よく使われる語」は「頻繁に使われる語」ということで、使用頻度が高い、という観点だ。一方、使用頻度はさほど高くないけれども、何かを理解するにあたってキーになる語というものもある。これも重要だ。前者は「量的観点」で後者をどう呼ぶかは難しいが、前者に対して仮に「質的観点」と呼ぶことにしておこう。

「ネッタイ（熱帯）」を前部要素とする複合語で、「ネッタイシマカ（熱帯縞蚊）」が七版から見出しになっている。ネッタイシマカやヒトスジシマカは高熱や関節痛、頭痛などをひきおこすデング熱を媒介する。日本では、平成二十六（二〇一四）年に国内感染が確認されて、代々木公園が一時立ち入り禁止になった。ちなみにいえば、『広辞苑』は「デング熱」を「（Denguefieber ドイツ）蚊によって媒介されるデング熱ウイルスにより起こる感染症。四〜八日の潜伏期ののち急に高熱・関節筋肉痛を発し、ついで顔面・手などに麻疹様の発疹が現れ、間もなく熱は下がる。死亡はまれ」と説明している。

「聞蔵Ⅱ」に「熱帯縞蚊」で検索をかけるとヒットなし。「ネッタイシマカ」で検索をかけると、平成八（一九九六）年一月十日の記事を最初に、平成三十（二〇一八）年九月十二日の記事まで、三十六件がヒットする。「ネッタイシマカ」は日本列島上にデング熱の感染が長期にわたってみられなくなれば、辞書の見出しから消えるのか、それとも、かつて国内感染があったことの「証人」として見出しであり続けるのか、どちらだろうか。

「ネットウ(熱闘)」は四版までは見出しになっておらず、五版から見出しになった語である。表をつくっていて、そのことに気づき「どうしてだろう」と思った。てがかりを得るために「聞蔵Ⅱ」で「熱闘」を検索してみる。すると、昭和五十九(一九八四)年八月八日の記事を最初に、二八一四件のヒットがあった。五版は平成十(一九九八)年の発行であるので、平成三(一九九一)年の四版発行の時にはまだそれほど定着していなかったというだけのことかもしれない。

「熱闘」に「甲子園・高校野球・野球」を「not」で、つまり文字列「熱闘」は含まれているが、「甲子園」「高校野球」「野球」が含まれていないという条件で検索をかけるとヒット数は四〇八件になる。つまり、二七六〇件のうち、二三五二件には、これらの語が含まれているということになり、「熱闘」という語は、高校野球について多く使われていることが推測できる。春と夏とにいわゆる「高校野球」があり、マスメディアはこぞってそれを話題にし、大会期間中はテレビも新聞も大きく採りあげる。高校生のスポーツはいろいろとあるが、このように採りあげられるのは野球のみで、「特殊な状況」に思われもする。

それはそれとして、そういう「状況」であると、いつのまにか「ネットウ(熱闘)」という語もなじみのある当たり前の語になっていく、というのが先の「どうしてだろう」ということだ。『広辞苑』は「ネットウ（熱闘）」を「熱のこもった激しいたたかい」とごくあっさりと説明している。『日本国語大辞典』の説明も「熱の入った激しい戦い」で、語義説明としてはこんなものだろう。『大漢和辞典』は「熱」の条に「熱闘」をあげておらず、古典中国語ではない可能性がたかい。

他にも、例えば七版ではじめて見出しとなった「ネッビオーロ」なども、筆者が目にしたことのない語で、「おっ」と思った。七版は「赤ワイン用ブドウの一品種。イタリア北部のピエモンテ州で多く栽培される」と説明している。赤ワインといえば、カベルネソーヴィニヨン、シラーぐらいしか知らないので、ワインが日常生活にもひろく浸透するようになると、辞書が見出しにするブドウの品種名も増えていくということだろう。まさに「辞書はことばを写す鏡」だ。

第三章　『広辞苑』と『大辞泉』『大辞林』

——三つの中型辞書を対照する

1 「凡例」「編集方針」から探る

最初に何を説明するか？

『広辞苑』は中型辞書であるが、その他、現時点では中型辞書として『大辞泉』『大辞林』が刊行されている。『大辞泉』『大辞林』を採りあげて、『広辞苑』と対照しながら、『広辞苑』がどのような辞書であるかについてさらに考えてみたい。

改めていうまでもないが、辞書にはそれぞれ「編集方針」がある。その「編集方針」に沿って編集されていればそれはきちんと編集されている辞書といってよい。したがって、辞書を対照することによって、どの辞書が「いい辞書」かを述べようとしているのではなく、どういう「編集方針」であるかを「凡例」、実際の辞書の記事、記述を通して考えてみることが目的である。

『大辞林』の初版は昭和六十三（一九八八）年十一月に二十二万項目を収めた一冊ものの中型辞書として刊行されている。第二版は平成七（一九九五）年十一月、第三版は平成十八（二〇〇六)年十月、第四版は令和元(二〇一九)年九月に刊行されている。第三版では、書籍購入者が専用のウェブサイトでウェブ版の『大辞林』を利用できるサービス「デュアル大辞林」が開始され、紙媒体と電子版とを使うという試みが始まった。第四版では書籍購入者にスマートフォンで使えるアプリを提供している。

『大辞泉』の初版は平成七(一九九五)年十二月に刊行されている。平成十(一九九八)年には増補、新装版が刊行され、平成二十四(二〇一二)年には初版から総項目数を三万増やし約二十五万項目とした第二版が刊行された。電子版である「デジタル大辞泉」がiPhoneやiPadのアプリとして提供され、インターネット・データベースのジャパンナレッジ(JapanKnowledge.『日本国語大辞典』、『改訂新版　世界大百科事典』、『日本大百科全書』など多くの辞書・事典が検索できる。会員制)のコンテンツとしても提供されている。またウェブ上に「コトバンク」として公開されており、無料で使うこともできる。

『大辞林』第四版の「編集方針」、『大辞泉』第二版の「編集の基本方針」にはそれぞれ次のようにある。

三、解説にあたっては、多義語は最初に現代語としての一般的な意味・用法を記し、そのあとに順次特殊な意味・用法、古語の意味・用法を記した。語の歴史的変遷にも意を用い、語源・語誌・用法などについても注記した。（『大辞林』）

4　語義の解説にあたっては、現在通行している意味や用法を先にし、古語としての解説をあとに記述した。また、広く一般的に用いられる語義を先に、特定の分野で行われる語義や、限られた形での用法などはあとに記した。それ以外については、原義から転義へと時代を追って記述した。（『大辞泉』）

『広辞苑』は「凡例」「解説」中の「語釈の区分」に「1　語義がいくつかに分かれる場合には、原則として語源に近いものから列記した」と記している。

つまり、現時点で、語義がいくつかに分かれている場合、『広辞苑』は「語源に近い」語義すなわち「原義」から説明するのに対して、『大辞林』と『大辞泉』は「現代語としての一般的な意味・用法」「現在通行している意味や用法」をまず説明するというところに大きな違いがある。語の歴史を重視するか、「今、ここ」を重視するかという「編集方針」の違いといってよいだろう。例えば「カエリザク」を調べてみよう。

かえり-ざ・く【返り咲く】かへり—《動カ五(四)》①春の花が小春日和の暖かさに、時節でないのに再び咲く。狂い咲く。「八重桜が—・く」〔季 冬〕②一度引退した者や、勢力・地位などの衰えていた者が、再び以前の状態に戻る。「再び当選して政界に—・く」(『大辞泉』)

かえり ざ・く かへり—【返り咲く】(動カ五[四])〔②が原義〕①ある地位を失ったものが再びもとの地位に復帰する。「首位に—・く」②その年のうちに再び花が咲く。狂い咲く。「散る花を吹きあげの浜の風ならば猶も木末に—・かせよ／夫木四」(『大辞林』)

かえり-ざ・く カヘリ:【返り咲く】《自五》①花の咲く季節を過ぎて、再び咲く。返り咲きをする。夫木四「散る花を吹上の浜の風ならばなほも木末に—・かせよ」②いったん衰えたものが再び栄える。失った地位などを回復する。「舞台に—・く」(『広辞苑』)

『広辞苑』の語義①は『大辞林』の②、『広辞苑』の語義②は『大辞林』の①にあたる。『広辞苑』は①②の順番で語釈を記しているが、『広辞苑』の番号でいえば、『大辞林』は②①の順番で語釈を記しているということだ。辞書の使用者が、「今、ここ」での語義を調べているだろうということからすれば、『大辞林』はそうした「現実」に対応していることになる。しかしまた、語義が時間の経過とともに変化するという観点からすれば、もともとはこういう語義で、こう使われていた語の語義が変化してきているということをはっきりとつかむためには、「原義→転義」の順番で語釈が記されていることには一定の意義がある。

右の「カエリザク」では「最初に現代語としての一般的な意味・用法を記し、そのあとに順次特殊な意味・用法、古語の意味・用法を記した」とはっきりと述べている『大辞泉』が『大辞林』とは逆の順番①②で語義を記していることが疑問であるが、編集上の理由があるのかもしれないので、それはそれとしておく。

せっかく三つの中辞典の語釈を掲げたので、右の見出しを使って、語釈についても検討してみよう。まず『大辞泉』は「春の花が小春日和の暖かさに」とかなり限定を加えている。この語釈であると、秋咲きのバラが晩秋になってもう一度花を咲かせた場合には「カエリザク」といえないことになるが、「カエリザク」は「春の花」に限定されているかどうか。『大辞林』も『広辞苑』もそこまで限定して語義を記述していないし、筆者の認識も同様だ。

『大辞林』は「その年のうちに」、『広辞苑』は「花の咲く季節を過ぎて」と説明している。説明は「重なっている」とみれば重なっている。具体的な例で考えてみよう。春咲きのバラが夏にも思いがけず花をつけた、これは「花の咲く季節を過ぎて」にも該当するし、「その年のうちに」にも該当する。つまりどちらの説明でもあてはまる。

実は筆者の語感では、「カエリザキ」と「クルイザキ」はイコールではない。「クルイザキ」は本来であれば春に花を咲かせる植物の花が冬に咲いた、あるいは春になる前に咲いた、という時に使いたい。二月頃に暖かい日が連続したために春咲く花が咲いた、というのは筆者の語感ではまさしく「クルイザキ」だ。「カエリザキ」は本来咲くタイミングで一回花が咲いていて、通常であれば、花を咲かせるタイミングではない時にまた花が咲く場合に使いたい。二番花と呼ばれるようなものも、筆者の語感では「カエリザキ」と呼べそうな気がしているが、このあたりは人によって感覚が異なるかもしれない。したがって、右の三つの語釈の中で、筆者の語感にもっともちかいものは『広辞苑』の語釈である。だから『広辞苑』がすぐれているのだということをたった一語の語釈から述べようとしているのではもちろんない。そうではなくて、一見同じような語釈であっても、よくよく考えると説明が少しずつ違うということがある、ということについて注意を促したい。

作例・用例と類語

『広辞苑』の「編集方針」の四には「国語項目の解説に当たっては、つとめて古典から文例を引用し、また、現代語の作例を多く掲げ、語の用法を実地に示した」とある。また『大辞林』の「編集方針」の四には「国語項目については用例を重視し、現代語には作例を、古語には古典からの引用例を掲げることを基本とした」とあって、右については、両辞書が同じような方針を示している。小型国語辞書も「現代語の作例」を示すことが少なくない。「古語」と「現代語」とでは、「文例」「作例」を示すことの意味合いが少し違うように思う。「古語」の場合は、そもそも「現代語」ほどすぐに理解できるわけではない。だから、どのような文献のどのような文の中で使われたかを示すことによって、語義の理解を助けるという意味合いがある。「現代語」の場合も「作例」を示すことによって語義の理解を助けるという意味合いはあるだろうが、さらに、どのように使うかを示しているとみることができる。

『大辞泉』の「編集の基本方針」には次のように記されている。

3　本書は、言葉の意味を解説するにとどまらず、それが実際にどう使われるかという観点から、用例をふんだんに入れるようにした。

6　本書では、記述が平板に終わることを避け、できるだけ多角的に言葉をとらえることをめざした。基本的な語においては、表現を豊かにする「類語」欄、いわゆる逆引き辞典の機能をもつ「下接句」「下接語」欄、言葉の微妙な差異を明らかにする「用法」欄を設けた。また、語義解説の補足的な説明を施す「補説」欄を設けた。

いじ・る【弄る】《いぢる》《動ラ五（四）》①指先や手で触ったりなでたりする。「ネクタイを―・る」②物事を少し変えたり、動かしたりする。「編成を―・る」③趣味として楽しむために、あれこれと手を加えたり、操作したりする。仕事などを趣味のように扱っていう場合もある。「盆栽を―・る」「会社では、毎日パソコンを―・っています」④無理を言って困らせる。いじめる。「何にても芸をせよ、と―・る」〈浮・一代男・四〉**補説** 自分のことをいう場合には、軽い自嘲や謙遜の気持ちを、相手のことでは、小ばかにした気持ちを含むことがある。

右は『大辞泉』の見出し「いじる」である。語義を①～④に分けて記述し、それぞれに「ネクタイをいじる」「編成をいじる」「盆栽をいじる」「何にても芸をせよ、といじる」という「用例」を置き、「補説」ではさらに詳しい説明が加えられている。右の見出しには「類語」が示されていないが、例えば次に示す見出し「いっぱん（一斑）」には多くの「類語」が示されている。「デジタル大辞泉」には「類語」は示されていない。

いっぱん【一斑】⦅ヒョウの毛皮にあるたくさんのまだら模様のうちの一つの意から⦆全体からみてわずかな部分。一部分。「研究の―を披瀝《ひれき》する」**類語** 部分・箇所《かしょ》・ところ・部位・一部・一部分・局部・局所・細部・断片・一端《いったん》・一節《いっせつ》・件《くだり》・パート・セクション・点

「類語」は語義の重なり合いがある語であるから、「類語」と対照することで当該語の語義がつかみやすくなることはあるだろう。そういう意味合いでは、「類語」を示すことは語義理解の補助にもなるし、同時に、辞書使用者の、当該語の使い方についての意識をはっきりさせる意味合いもある。『大辞泉』は「類語」をあげるという特徴をもつ。

「情報」をどこに紐付けするか

「コロセウム」「コロシアム」という見出しをあげてみよう。参考までに大型辞書である『日本国語大辞典』と小型辞書である『集英社国語辞典』の見出しも併せてあげておくことにする。

コロセウム【Colosseum ラテン】ローマ帝政時代、ローマに造られた野天の巨大な円形闘技場。五万人を収容。遺跡が現存。コロシアム。コロセオ。↓ローマ（図）
コロシアム【colosseum】①⇩コロセウム。②競技場。
コロセオ【colosseo イタリア】⇩コロセウム（『広辞苑』）

コロセウム〘ラテン Colosseum〙《「コロッセウム」とも》ローマ市に残る、古代の円形闘技場。西暦七〇年代にウェスパシアヌス帝が起工。長径一八八メートル、高さ四八・五六メートル、四階造りで、約五万人の観衆を収容できた。名は、ネロの巨像（コロスス）が近くにあったことから。コロッセオ。コロシアム。コロシウム。
コロシアム〘Colosseum〙㊀⇩コロセウム ㊁（colosseum）競技場。（以下略）（『大辞泉』）

コロセウム〘ラテン Colosseum〙イタリアのローマにある古代の円形闘技場。西暦八〇年頃に完成。屋根はなく、周囲は五二四メートルで四層の観覧席に約五万人を収容した。コロッセウム。コロシアム。

コロシアム【Colosseum】①⇩コロセウム ②(大きな)競技場。(『大辞林』)

コロセウム(ラテン Colosseum)《コロッセウム・コロセアム》[一]ローマ市に残る古代ローマの円形闘技場。八〇年頃、ティトゥス帝により完成。四階建で収容人員約五万。正式名フラウィウス円形闘技場。＊最新百科社会語辞典(1932)「コロセアム 英 Colosseum〔運〕昔のローマの競技場。円形劇場。コロシウムとも発音」＊仮面の告白(1949)〈三島由紀夫〉二「私は私なりに、『クオ・ヴディス』のコロッセウムの描写の感銘から」[二]《名》「コロシアム」に同じ。

コロシアム《名》(英 colosseum 古代ローマの「コロセウム」から)《コロシウム・コロシュム・コロッシアム》大競技場。大体育館。大劇場。コロセウム。＊米欧回覧実記(1877)〈久米邦武〉一・一六「州民みな踊躍して金を醵し、海岸一区の地を相して、大観場(コロシユム)を起す」＊新時代用語辞典(1930)〈長岡規矩雄〉演劇用語「コロシウム Colosseum(英)円形劇場」＊死霊-二章(1946-48)〈埴谷雄高〉「彼はコロッシアム風な野天の広場へ引き出されていた」(『日本国語大辞典』)

コロセウム〈ラテンColosseum〉〘歴〙古代ローマに造られた屋根のない巨大な円形闘技場。コロッセウム。
コロシアム〈coliseum〉大競技場。▽古代ローマのコロセウムから。（『集英社国語辞典』）

どれも同じようなものだ、という方向からいえばそうであるが、よくよくみると異なりはある。まずどの辞書も「コロセウム」と「コロシアム」と二つの見出しを採用している。語義としていえば、前者の語義が〈イタリアのローマに現在も存在している古代の円形闘技場〉で、そこから転じて〈大きな競技場〉という語義をもつにいたったということになる。

外来語形としては、前者は「コロセウム」、後者は「コロシアム」といわば区別されている。『広辞苑』が「コロセウム」には大文字から始まる「Colosseum」を、「コロシアム」には小文字から始まる「colosseum」を配しているのは、前者は固有名詞、後者は一般名詞であることをそれによって示しているものと思われる。「凡例」の「表記形」の４に「外来語については、日本に直接伝来したと考えられる原語を掲げ、その言語名を注記した。英語の場合は一般にその注記を省略した」とあり、ここには言語名が入っていないので、英語が原語であることも同時に示されていることになる。

『集英社国語辞典』はさらに、「コロシアム」には〈大演技場、大競技場〉という語義をもつ英語「coliseum」を配することによって、固有名詞とは違うことを示していると思われる。

さて、見出し「コロセウム」の語釈中には、類似した語形が示されている。結局、複数の辞書によって「コロシアム」「コロセオ」「コロッセウム」「コロッセオ」「コロシウム」「コロセアム」の六語形(六表記形)が示されている。「コロセオ」は『広辞苑』のみ、「コロッセオ」は『大辞泉』のみが示している。

『imidas 2018』(集英社)は「コロッセウム」を見出しとし、「イタリア、ローマの古代遺跡。「フラウィウス円形闘技場」の通称。なお現在日本では、イタリア語での呼称「コロッセオ(Colosseo)」が一般的。古代ローマ時代、西暦七二年頃にウェスパシアヌス帝が起工し、八〇年頃、ティトゥス帝の時代に完成。コンクリート造の表面は大理石で飾られ、複数の建築様式の装飾が施された(以下略)」と記している。『大辞泉』が示している「コロッセオ」がこの「コロッセオ」であるとすれば、『大辞泉』は日本の「現在」を反映していることになる。

『朝日新聞』のデータベース「聞蔵Ⅱ」に「コロッセオ」で検索をかけると、昭和六十二(一九八七)年の記事を初めとして、令和元(二〇一九)年七月十八日の記事まで一一三件がヒットする。「現在日本では」という『imidas 2018』の記事を裏づけるといってよいだろう。

『広辞苑』だけが、「コロセオ」を見出しにしている。これが「イタリア語での呼称「コロッセオ(Colosseo)」が一般的」に対応する見出しであると思われる。見出し「コロセオ」には【colosseo イタリア】と添えられており、明らかに(現代)イタリア語との対応を示している。一九八〇年に「ローマ歴史地区、教皇領とサン・パオロ・フオーリ・レ・ムーラ大聖堂」が世界遺産に登録されたが、この中に「コロッセオ」が含まれており、現在の日本でも使われる語形となっている。

〈イタリアのローマに現在も存在している古代の円形闘技場〉が「コロセウム」、そこから転じて〈大きな競技場〉という語義をもつにいたったのが「コロシアム／コロシウム」で、「コロセウム」は現在では「コロセオ／コロッセオ」という語形も使われるということになるが、それが『広辞苑』ではいわば見事に見出しによって示されている。『広辞苑』の「使い手」としてはそこまで「よみとり」評価したい。

もう少し掘り下げる

しかし筆者としては、もう少し掘り下げたくなる。「コロセウム」「コロシアム」「コロセオ」についてあれこれと調べていて、平成十(一九九八)年三月十九日の『朝日新聞』の次の記事が目にとまった。

笠岡市出身で文化勲章受章者の日本画家小野竹喬(一八八九〜一九七九)の欧州洋行素描展が、十九日から四月十九日まで同市六番町の市立竹喬美術館で開かれる。

竹喬は一九二一年(大正十年)から翌年にかけてフランス、イタリアなどを旅行した。公開するのはその時に描いた作品で、「セーヌ河岸」「窓外のニース」「ルノアールの居を訪(おとな)う道」「ピサの街」「ボルゲーゼの庭」「コロセオ」「ローマの場末」「ソレントとカプリ」「アッシジの町」「ポンテ・ヴェッキオ」「マドリッド(マドリード)のある公園」「エスコリアル遠望」など。資料を合わせ約四十点を展示する。(以下略)

大正十年から翌年にかけて小野竹喬が描いた作品に「コロセオ」というタイトルがみられる。もちろんこのタイトルが作品を描いた時に付けられているかどうかを確認する必要があるが、そうであれば、大正十年にすでに「フラウィウス円形闘技場」を「コロセオ」と呼ぶことがあったことになる。

あるいは昭和七(一九三二)年に出版されている『石井柏亭集』(平凡社)の中に、明治四十四

（一九一一）年に制作され、「廃跡と愛―羅馬コロセオ」と名づけられた作品が紹介されていることもわかった。

　これらのことからすれば、「コロセオ」という語形は大正時代にすでに使われていた可能性がたかい。「それがどうしたの？　みんな同じモノを指しているのでしょ」という立場からすれば、どうということはない。しかし、「日本列島上に存在していた日本語」つまり過去から現在に至るまでに使われたことがある日本語がどんなものであったかを知りたいという立場からすれば、いろいろな語形の外来語が、いつ、どこで、どう使われたかを知りたい気持ちになる。そのようなことに、辞書がどこまでどのようにして対応するか、してくれるか、ということだ。

　「いろいろな語形の外来語」ということからも一つ。『広辞苑』初版には次のようにある。

コロシューム ⇩コロセウム

コロセウム【colosseum ラテン】ローマ帝政時代に造られた巨大な野天円形劇場。

　ここに今まで見出すことがなかった新たな語形「コロシューム」がみられる。わざわざ見出しにするのだから、ある程度使われていた語形なのだろうと思うが、ここまでの「あれこれ調査」では遭遇できなかった語形である。「コロシューム」がいつ、どこで、どのように使われていたか、具体的な文献とともに見つけ出すことは筆者自身の課題としたい。

2　「今、ここ」と、歴史主義と「編集」の力

サイアロン【sialon】ケイ素・アルミニウム・酸素・窒素から成るセラミックス。組成元素の頭文字からの名称。硬度・靱性に優れ、膨張率が小さく耐食性がある。金属切削工具・溶接用ノズルなどに用いる。（『広辞苑』）

『大辞泉』は「サイアロン」を見出しにしていない。『大辞林』は見出しとして、次のように説明している。

サイアロン〖sialon〗ケイ素（Si）・アルミニウム（Al）・酸素（O）・窒素（N）の元素から合成

される物質。膨張率が低く、高温での耐食性に優れるため、エンジンなどの材料として期待される。

先ほどの「聞蔵Ⅱ」で「サイアロン」を検索してみると、五件のヒットしかない。しかもうち二件はほぼ同一の記事であるので、新聞紙面で頻繁に目にするような語でもない。また『日本国語大辞典』のような大型辞書も見出しにしていないし、語釈中においてもこの語は使われていない。『三省堂国語辞典』第七版のように「新語に強い」ことを謳う小型国語辞書も見出しにしていない。しかし、インターネット上には「サイアロン蛍光体」「複合サイアロン」「サイアロンセラミックス」などの語が使われている記事が相当数みられる。そうした意味合いでは、「現在使われている語」といえよう。

辞書は編集されている。何をいまさら、という感じがするかもしれないが、編集されているから編集者がいる。現在刊行されている辞書は複数の編集者が編集していることが多い。複数の編集者が編集をすることの意義はいろいろありそうだが、一人で編集をしないことによって、辞書の「内容」が個人的な言語使用に基づいたものから離れることができる。

言語は共有されている。筆者の言語モデルは、共有されている言語があって、その周囲を、当該言語使用者すべてに共有されているわけではない言語がとりまいているというモデルだ。「当該言語使用者すべてに共有されているわけではない言語」は「共有されている言語」の「個人的な使用(仕様)」といってもよいかもしれない。「共有されている言語」を「標準」という表現で呼ぶならば、「共有されているわけではない言語」のほうは「非標準」ということになる。辞書を一人で編集すると、「個人的な使用」を反映してしまいやすくなる。

複数の人が編集することによって、辞書は「共有されている言語」のありかたをバランスよく反映することができる。見出しということに絞っていえば、日本語の語彙体系全体を「宇宙」にたとえるならば、辞書はその「宇宙」をバランスよく反映した「小宇宙」であることが理想ではないだろうか。筆者は「バランスよく」は重要であると考えている。「バランス」を保証するのが「編集」、「複数の人による編集」であろう。

編集には時間がかかる。小型国語辞書であっても、改版には十年ちかく時間をかけている。『広辞苑』第七版は第六版のちょうど十年後に刊行されている。これは、『広辞苑』が中型辞書であることからすれば、むしろはやい。

編集に時間がかかるということは、「今、ここ」で使われている言語には対応しにくいということだ。インターネット上の語をもれなく見出しにすることはどのような(紙媒体の)辞書でもできないが、「もれなく」ではないにしても「ある程度」でもそれは難しいだろう。

情報を「解凍」する

しいと【舅《シヒト》】⇩しゅうと。〈名義抄〉
しいと-め【姑《シヒトメ》】⇩しゅうとめ。〈名義抄〉

ずいぶんあっさりとした項目だ。見出しは「しいと」で、それが漢字を見出しにしている辞書『類聚名義抄』にみられること、語としては「しゅうと」と同じであること、が示されている。調べてみると、十二世紀後半にはできあがっていたと推測されている、改編本系の観智院本『類聚名義抄』に「婦翁　シヒト」とあること、同じく改編本系の高山寺本『類聚名義抄』には「婦母　シヒトメ　シウトメ」とあることが確認できる。

漢語「フオウ(婦翁)」の語義は〈妻の父〉であるので、「シュウト」だ。観智院本『類聚名義抄』には「シヒト」とあるので、まずは「シヒト」と発音する語であった。西暦一〇〇〇年頃に起こった、「ハ行転呼音現象」と呼ばれている音韻変化によって、「シヒト」の発音は「シヰト」に変わり、それがさらに「シイト」に変わったと思われる。「シイト」の母音

「イ」が「ウ」に変わった母音交替形が「シウト」で、この語形が拗長音化した語形が「シュート」だ。

さて、日本語・日本文学を専攻する大学生に、『広辞苑』の見出し「しいとめ」の記事を自分で確かめるという課題を出したとしよう。「しいと」「しいとめ」を観智院本『類聚名義抄』の影印・画像で、「しいとめ」を高山寺本『類聚名義抄』の影印・画像で確かめることができるだろうか。『類聚名義抄』には和訓から検索できる索引があるが、それを使いこなすことができるかどうか、ということになりそうだ。ある程度の手間と時間がかかる。

『広辞苑』には、そのような、手間のかかる「情報」が凝縮されたかたちで載せられているといってよい。『広辞苑』のよさは、そういうところにもあるだろう。しかし、そのうち「情報」が凝縮されていることがわからなくなってしまわないだろうかと心配になるし、できれば「凝縮された情報」を「解凍するスキル」が維持されていってほしいと思いもする。人文学系の学びがそうした「スキル」を継承し、そうしたことが（大げさにいえば）「人類の叡智」を継承していくのではないか。

『大辞林』『大辞泉』は「しいと」「しいとめ」を見出しにしていない。「過去へのまなざし」において、『広辞苑』は『大辞林』『大辞泉』と異なるといえるだろう。

「現在使われている語」「サイアロン」と「過去に使われていた語」「しいと・しいとめ」とをともに見出しにしていること、そしてそこにはおそらくバランスがとられているであろうこと、が『広辞苑』の特徴といってよいだろう。

脱線します――紙と製本

ここまでふれなかったが、『大辞泉』第二版は上(あ〜す)下(せ〜ん)二分冊になっており、その二冊がCD-ROMを収めたケースを仕切りにするようなかたちで箱に収められている。そして『大辞泉』は横書きで印刷されている。また「本文用紙」は、いわゆる「アート紙」である。『大辞林』『広辞苑』はいわば普通の紙、マット紙に印刷されている。

『広辞苑』第七版を予約して購入した人には、三浦しをん『広辞苑をつくるひと』(二〇一八年、岩波書店)がもらえるということだったので、筆者もこれが読みたくて予約をした。『広辞苑をつくるひと』では、語釈のチェックをしたひと、活字をデザインするひと、イラストをかくひと、函をつくるひと、『広辞苑』製作にかかわったいろいろなひとが採りあげられていて、興味深い。是非読んでください、と言いたいところであるが、先に述べたように、『広辞苑をつくるひと』は非売品なので、これから入手するのは難しいかもしれない。

『広辞苑』の「本文用紙」については、裏表紙見返しの前に「製本」として名前があがっている牧製本印刷株式会社の社長が次のように話したことが載せられている。

ああ、岩波書店さんは、『広辞苑』にかぎらず、非常にオーソドックスな紙を使われる傾向にありますね。やっぱり長年つちかわれた、「この紙ならまちがいない」というものを使ったほうが、きれいに本ができあがります。（一一五頁）

これに対して三浦しをんさんは「わははは。質実剛健で真面目なイメージのある岩波書店は、やはり「石橋を叩いて渡る」紙選びだったか」と述べている。

ちなみにいえば、「本文用紙」としては「王子エフテックス株式会社」の名前があがっている。『大辞泉』が「本文用紙」としてあげているのもこの「王子エフテックス株式会社」であるので、『広辞苑』と『大辞泉』とは同じ会社から「本文用紙」を調達していることがわかる。もちろん具体的に使っている紙はまったく異なる。『大辞林』第四版の「あとがき」には「本文用紙の軽量化・品質向上には日本製紙パピリア株式会社のご尽力をいただいた」と記されている。

ここで㊙情報を一つ。『広辞苑』の編集長といろいろとお話をする中で、『広辞苑』の製本は、牧製本と松岳社で分担しており、世の中に出回っている『広辞苑』の約半分には「牧製本」、もう約半分には「松岳社」と印刷されているということを教えてもらった。どうです、みなさん、ご存知なかったでしょう。って、筆者がえらそうに言うことでもないですが。

辞書の系譜

た‐しん【他心】別の考え。また、ふたごころ。他意。日葡「タシンヲサシハサム」

右の項目では『日葡辞書』の使用例があげられている。『広辞苑』は『日葡辞書』を次のように説明している。『大辞泉』『大辞林』の項目も併せてあげておく。

にっぽじしょ【日葡辞書】(Vocabvlario da Lingoa de Iapam) 日本イエズス会が長崎学林で一六〇三年(慶長八)に刊行した日本語‐葡萄牙《ポルトガル》語の辞書。翌年補遺刊行。ポルトガル式のローマ字で日本語の見出しを掲げ、ポルトガル語で説明をつけた。文例をあげ、当時の標準語である京都語と九州方言との差にも注意し、歌語・文語などを注する。総語数三万二二九三。ドミニコ修道会によるスペイン語訳「日西辞書」(Vocabvlario de Iapon 一六三〇年マニラ刊)のほかパジェスによる仏訳「日仏辞書」(一八六八年パリ刊)がある。(『広辞苑』)

にっぽじしょ【日葡辞書】《原題、《ポルトガル》Vocabvlario da Lingoa de Iapam》日本語辞書。二冊。イエズス会宣教師数名の共編。本篇は慶長八年(一六〇三)長崎学林刊。補遺は慶長九年(一六〇四)刊。日本語をポルトガル語によって説明したもので、当時の口語を中心に約三万二八〇〇語を収録。重要な語には用法を示す。(『大辞泉』)

にっぽじしょ【日葡辞書】〔原題《ポルトガル》Vocabvlario da Lingoa de Iapam〕キリシタン版の一。一冊。本編と補遺からなる。一六〇三~〇四年長崎学林刊。耶蘇会宣教師数名(氏名未詳)の共編。当時の口語を中心に日本語三万余語を掲げポルトガル語で語釈を付し、古典や日常語の用例をあげる。ドミニコ会のスペイン語訳「日西辞書」(Vocabvlario de Iapon 一六三〇年マニラ刊)、パジェスによる仏訳「日仏辞書」(Dictionnaire Japonais-Français 一八六八年パリ刊)がある。(『大辞林』)

収録語数が、『広辞苑』「三万二二九三」、『大辞泉』「約三万二八〇〇語」、『大辞林』「三万余語」と異なるが、『広辞苑』の記述が具体的で詳しく、『大辞林』はそれにつぎ、『大辞泉』はもっとも簡略であるといえるだろう。

だから、ということはないが、『広辞苑』をみていると、『日葡辞書』の使用例をあげている項目が少なからず目に入ってくる。ロゴヴィスタ版の全文検索機能を使って、「日葡辞書」に検索をかけると、三四三〇件がヒットする。『日葡辞書』がかなり使われていることがわかる。ちなみにいえば、『日本国語大辞典』はオンライン版の検索「範囲」を「用例（出典情報）」にして検索をすると一七九四一件がヒットする。書籍版『日本国語大辞典』の帯には「五十万項目、一〇〇万用例」が謳われているので、一〇〇万用例のうちの一・八パーセント弱が『日葡辞書』の使用例であることになり、『日本国語大辞典』においてずいぶんと使われている文献であることがわかる。

過去の日本語も見出しとする辞書の編集者が、『日葡辞書』の見出しを多くとりこみたくなる「気持ち」はよくわかる。右の引用からわかるように、『日葡辞書』は十七世紀のごく初めに成り、語釈がポルトガル語で記されているために、容易には使えなかったが、昭和五十五（一九八〇）年に岩波書店から土井忠生、森田武、長南実編訳『邦訳 日葡辞書』が出版され、ポルトガル語部分が日本語訳されたために、いわば誰でも使える辞書になった。イエズス会の宣教師が布教活動をするために編んだ辞書であるので、「書きことば」、「はなしことば」両面にわたって、ひろく日本語を見出しとしている。こうした辞書は『日葡辞書』が編まれるまでは存在しなかった。見出しは当然日本語で、それがポルトガル語式にローマ字表記されている。そのために、語の発音のてがかりもある。日本語の歴史を学び、研究する人にとっては、『日葡辞書』はなくてはならない辞書である。それゆえ、『日葡辞書』が見出しとしている語は見出しにしたくなる。

た-うずら《:ウズラ》【田鶉】食用にする蛙。
たか-がけ【高賭け】大きなかけごと。
たな-がえ・る《:ガヘル》《自四》(「たな」は種《たね》か) 物などが変質してだめになる。
たなま・る《自四》母胎内に子が宿る。
たばき 犬・猫などの吐き出した物。
たび-じん【旅人】⇩たびびと。
た-ぶり【た振り】鷹が羽根をふるい動かすこと。

だまり-もの【騙り者】 欺く者。陰険・狡猾な者。

「た」から始まる見出しで『日葡辞書』を出典として示しているものをあげてみた。例えば「たばき」を『日本国語大辞典』で調べてみると次のように記されている。

たばき《名》犬猫などが吐くこと。また、その吐いた物。＊日葡辞書(1603-04)「ネコ、または、イヌ tabaqiuo(タバキヲ) シタ」方言 ①飲食物を戻すこと。嘔吐(おうと)。(以下略)

『日本国語大辞典』は「辞書」欄にも「日葡」しかあげておらず、この「タバキ」という語は、現代方言(福岡、熊本など)で使われていることからすれば、はなしことばとして使われていたと考えるのが自然であるが、『日葡辞書』以外の文献には(というと言い過ぎの可能性があるが)「足跡」を残さなかったのであろう。それが『日葡辞書』において見出しとして採りあげられ、それをさらに『広辞苑』『日本国語大辞典』が見出しとする。これが「辞書の系譜」だ。

右に示した八つの語のうちで、『大辞泉』『大辞林』が見出しにしている語は一語もない。『日本国語大辞典』は「たうずら」「たかがけ」「たぶり」を見出しにしていない。「たながえる」「たばき」は『日葡辞書』の使用例を示し、加えて現代方言で使われていることを示している。また「たなまる」「たびじん」「だまりもの」では『日葡辞書』とともに『羅葡日対訳辞書』(『日本国語大辞典』は『羅葡日辞書』と表記)の使用例を示している。

『羅葡日対訳辞書』について『広辞苑』は次のように説明している。

らぽにちたいやくじしょ【拉葡日対訳辞書】(Dictionarivm Latino Lvsitanicvm, ac Iaponicvm ラテン)キリシタン版初の日本語辞書。ラテン語にポルトガル語訳を付け、さらにローマ字書き日本語訳注を付けたもの。一五九五年(文禄四)天草でイエズス会が刊行。見出し数約二万六千、小見出し数約三万六千。

『日本国語大辞典』が見出しとしていない「たうずら」「たかがけ」「たぶり」を『広辞苑』は見出しとしている。また『日本国語大辞典』が『日葡辞書』と現代方言のみ、あるいは『日葡辞書』と『羅葡日対訳辞書』のみをあげている「たながえる」「たばき」、「たなまる」

「たびじん」「だまりもの」を見出しとしていることは、『広辞苑』においても『日葡辞書』が重視されていることを示しているといえよう。右の八語は初版においては見出しとなっておらず、第二版において見出しになっている。

三つの『新撰字鏡』——あわせてちょっとした謎解き

1 **つつ-まなばしら【[illegible]】** 鶺鴒《せきれい》の古称。〈享和本新撰字鏡〉
2 **つばびら-こ【燕】** ツバメの古称。〈新撰字鏡八〉
3 **たり-こと** うるさいこと。そうぞうしいこと。〈群書類従本新撰字鏡〉

『大辞泉』『大辞林』は1〜3を見出しにしていない。そうしたことからすれば、右の見出しも『広辞苑』を特徴づけるものといってもよいかもしれない。『広辞苑』は『新撰字鏡』を見出しにしている。

しんせんじきょう《:キヤウ》【新撰字鏡】 漢和字書。昌住著。一二巻。昌泰(八九八 九〇一)年中成る。完本(天治本)と抄録本(享和本)とがある。漢字を扁《へん》・旁《つくり》によって一六〇の部首に類聚し、その字音・字義・和訓を注したもの。漢字数二万一三〇〇。

右で「完本(天治本)」と呼ばれているテキストが2の使用例としてあげられているもので、「抄録本(享和本)」が「享和本新撰字鏡」だ。このテキストには享和三(一八〇三)年の刊記が附されている。また天明六(一七八六)年から出版が始められ、文政二(一八一九)年に正編が出版完了した、塙保己一《はなわほきいち》の「群書類従」に収められているテキストが「群書類従本新撰字鏡」である。『広辞苑』の「方針」は「天治本」によって語の存在が確認できる場合は、「天治本」を出典とする。すなわち「新撰字鏡」という表示をする。「天治本」では確認できないが、「享和本」あるいは「群書類従本」によって確認できる場合に限って、「享和本」「群書類従本」を冠して「享和本新撰字鏡」「群書類従本新撰字鏡」と表示するということであろう。これも出典に関して厳密な態度として評価できる。

ただし3については、まったく別のことが潜んでいるようだ。『広辞苑』はあげていないが、そもそも『新撰字鏡』は漢字辞典の体をなしているので、見出しは漢字で、それに配置されている語釈の中に和訓がみられる。では3はどのような漢字を見出しにしているかということであるが、天治本も群書類従本も似たような形の漢字が見出しになっている。この漢字をいかなる漢字とみるかということがまずある。

　筆者は、観智院本『類聚名義抄』（法上二十六丁裏）において、「カマヒスシ」「サハカシ」という和訓を与えられている「讙」の左隣に置かれている漢字「譃」に注目した。この漢字が、天治本・群書類従本が掲げている漢字であると考える。この「譃」に天治本が与えている語釈の末尾に「耳騒也」とある。これは「カマビスシ」（＝〈やかましい・さわがしい〉）と一致していると思われる。天治本はその「耳騒也」に続けて「弥太巳止」と記している。これはおそらく「ミタコト／ミダゴト」という語を書いたものであろうが、どのような語か不分明である。このことはかつてからわかっており、「タワゴト」あるいは「タリコト」の誤記ではないかという「みかた」があった。後者の「みかた」は、群書類従本が「譃」字の語釈末尾に「擾耳也騒也太利巳止」と記していることに依る。

　ところで、天治本には単漢字ではなく「連字」すなわち漢字列を見出しにしている箇所が

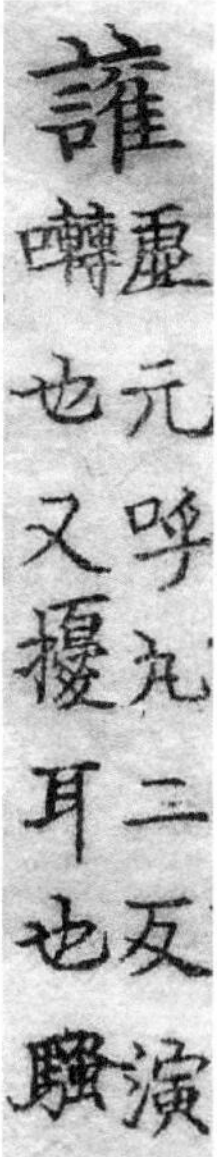
譃 虚元呼丸二反演也譃二合鳴也 囀也又擾耳也騒也太利巳止

群書類従本

ある。そこに「論蔫」という見出しがあり、語釈には「乱語也多言也弥太利己止又佐和加波志（以下略）」と記されている。「弥太利加波志」は「ミダリガハシ」、「弥太利己止」は「ミダリゴト」、「佐和加波志」は「サハガハシ」を書いたものとみるのが自然だ。『広辞苑』は「みだりごと」「みだれごと」を次のように説明している。

みだり‐ごと【乱り言・漫言】「みだれごと」に同じ。

みだれ‐ごと【乱れ言・漫言】むやみにしゃべることば。また、いい加減なことば。ざれごと。冗談。みだりごと。源真木柱「えおぼすさまなる―もうち出でさせたまはで」

さあどうでしょうか。もし、天治本の和訓「弥太己止」、群書類従本の和訓「太利己止」が「弥太利己止（ミダリゴト）」の誤記であったならば、「タリコト」はいわゆる「幽霊語」ということになってしまいます。ちなみにいえば、『日本国語大辞典』にも次のようにあって、群書類従本『新撰字鏡』をいわば根拠として「たりこと」を見出しにしています。

たり‐こと【―事】《名》うるさいこと。騒がしいこと。騒々しいこと。＊類従本新撰字鏡

（898–901頃）「譃　演也　譃二合鳴也　囀也　又㰖レ耳也　騒也　太利己止」

右の例は筆者がたまたま気づいた例です。「間違え探し」ということではなく、『広辞苑』の記事を起点として、そこに採りあげられているいろいろな辞書にあたり、その辞書にふれてみると、また新たなおもしろさが発見できるかもしれません。辞書は「系譜」をもち「連鎖」しています。その「連鎖」をたどることによって、辞書の景観が変わるかもしれません。

「今、ここ」で使う

例えば新聞を読んでいて「ハイドロプレーン現象」という語が使われていたとしよう。新聞の記事にどのような現象か説明されているはずだが、さらに調べてみたくなった場合、これが「今、ここ」で調べたいということだ。現在であれば、多くの人がインターネットで調べてみるだろう。もちろんそれによって多くの情報を得ることができる。

これを辞書で調べてみようとした場合、『広辞苑』には次のように記されている。

ハイドロプレーン-げんしょう《シヤウ》【―現象】（hydroplaning）水でおおわれた路面を自動車

が高速で走行する時、タイヤと路面との間にくさび状に入ってくる水によって摩擦力がほとんど失われ、すべって操縦不能になる現象。

簡潔でわかりやすい。あるいは新聞記事の中で「原産地証明書」という語が使われていた。『広辞苑』には次のように記されている。

げんさんち-しょうめいしょ【原産地証明書】 貿易取引品の原産地を証明する書類。貨物の輸入者が、国定税率よりも低廉な協定税率や便益関税の適用を受けるために必要な書類の一つ。

右は一つの例に過ぎないが、例えば令和元(二〇一九)年五月の「日本列島上の言語生活」ということを想定してみよう。新聞を読んだり、テレビをみたり、外に出かけて電車に乗ったりバスに乗ったりする。電車の中には広告がある。お昼を食べに仕事場の外に出る。そのそれぞれの「場」に日本語がある。現在は、日本語以外の言語もある。日本語以外の言語についてはは措くことにするが、その「日本列島上の言語生活」に辞書が(もちろんある程度)対応するためには、「編集方針」としてそういう想定があって、それを実現しようと努力する「編集」が行なわれている必要がある。

これまでにも述べたが、言語には「標準的使用」があって、「個人的使用」がある。その「標準的使用」を軸にして、辞書が編まれているということは重要なことといえよう。「標準的使用」はそのように使っている人が多いということだから「定着している」とみてもよい。共有している人が多くない語は重要ではないということではなく、まずは共有されている語をバランスよく集めることが大事ではないか、ということだ。

「現在の日本列島上の日本語による言語生活」によく対応する辞書は、例えば、日本語を母語としない人で日本列島上に生活している人には便利なのではないかと思う。もちろん『広辞苑』を調べるだけの日本語運用能力は必要であるが、わからない日本語に遭遇するたびに『広辞苑』を調べてみるのはどうだろう。

平成三十(二〇一八)年十月十四日から十二月二十三日まで「下町ロケット」というタイトルの連続テレビドラマが放送されていた。佃製作所という町工場が舞台となっているドラマだが、その佃製作所の社長が社員を前に話をする場面で、社長の後の本棚が画面に映っていた。もちろんドラマだから、そういう風に本棚を「仕立てた」のだろうが、そこにあった辞書は『広辞苑』と『大辞林』だった。何版か、ということまでは確認できなかったが、「なるほど」と思った。ここに『日本国語大辞典』は置かれていないだろう。といって、百科項目をあまり含まない小型国語辞書もおかしい。中型辞書である『広辞苑』と『大辞林』が置かれていたのは、「うんうん」という感じだった。一冊で「今、ここ」の日本語に対応する。それが『広辞苑』かもしれない。

本章を終わるにあたって、『大辞泉』『大辞林』と対照した『広辞苑』の「小宇宙」について整理してみよう。対照できわだったのは「歴史主義」ということにつきる。すなわち、『広辞苑』には、「今、ここ」ということへ対応しながら、見出しをどのようにたてるか、たてた見出しにどのような語釈を配するかということから始まり、日本の辞書の系譜にも目を配りながら、『広辞苑』自体もその辞書の系譜に位置を占めるというような「配慮」がなされている。そのような意味合いでの「歴史主義」だ。

第四章　『広辞苑』と『日本国語大辞典』

——大型辞書とくらべる

1　二つの「小宇宙」

第三章では、『広辞苑』を同じ中型辞書である『大辞泉』『大辞林』と対照しながら、『広辞苑』がどのような辞書であるかについて筆者なりの検証を試みた。本章では、日本唯一の多巻大型辞書である『日本国語大辞典』第二版と対照しながら、『広辞苑』について考えてみたい。ただし、『日本国語大辞典』第二版の第一巻が刊行されたのが平成十二(二〇〇〇)年十二月二十日、第十三巻が刊行されたのが、十四年一月十日である。『日本国語大辞典』第二版の刊行からすでに十七年が経過している。最近のことだと思っていたが、もう十七年も経ったかと思うと感慨深い。

『広辞苑』は第六版が平成二十(二〇〇八)年に刊行され、第七版は三十年に刊行されているので、刊行時期を考えると、『日本国語大辞典』第二版と対照する『広辞苑』は第六版だろう。しかし、現時点では第七版が出版されているのだから、そうしたことを含んだ上で、『日本国語大辞典』第二版と『広辞苑』第七版を対照してみることにする。

第三章で「日本語の語彙体系全体を「宇宙」にたとえるならば、辞書はその「宇宙」をバランスよく反映した「小宇宙」であることが理想ではないだろうか」と述べた。「バランスよく」を可能にするのが、「編集」で、しかもそれが複数の人によって行なわれることが望ましい。そうやって丁寧に編集作業をすれば、当然編集には時間がかかることになる。小型国語辞書であっても、改版には十年ちかく時間をかけることが多い。『広辞苑』第七版は第六版のちょうど十年後に刊行されているので、中型辞書であることからすれば、むしろはやいとみるべきだ。

いっぽうの『日本国語大辞典』(全二十巻)は、初版が昭和四十七(一九七二)年から五十一年にかけて刊行されている。「第二版・刊行のことば」によれば、新たな委員による編集委員会が開かれたのは平成二(一九九〇)年で、編集作業が本格化してからは約十年で刊行されたのだが、「初版刊行直後から「第二版を想定しつつ(中略)新たな語彙・用例の採集と語釈の見直しを進めてきた」ことからすれば、第二版は約二十五年にわたって編集が続けられたことになる。

「刊行のことば」にあるとおり、「二十世紀までの日本語を集大成し、次世代に継承する」ことをめざす大型辞書の「小宇宙」は自ずと『広辞苑』がめざす「小宇宙」とは異なるはずだ。筆者は別の機会に『日本国語大辞典』第二版をよんで本をまとめたことがある（『日本国語大辞典』をよむ』二〇一八年、三省堂）。そのときの「感触」を参考にしながら、実際に対照していこう。

2　どう使われてきたか、どう使うか——語釈の順番からみる

くわ‐ばら《くは》【桑原】㈠《名》桑の木を植えた広い畑。（中略）㈡《感動》①落雷を防ぐという呪文（じゅもん）。多くは「くわばら、くわばら」と重ねていう。（中略）②いやな事を避けようとする時にとなえる呪文。（中略）語源説（㈡について）(1)桑原は菅原家所領の地名。菅原道真配流の後、度々落雷があったが、この桑原には一度も落ちなかったという言い伝えから、雷の鳴る時は桑原桑原と言って呪言とした〔夏山雑談・一挙博覧〕。（以下略）

（『日本国語大辞典』）

くわ‐ばら《クハ》【桑原】①桑の樹を植えつけた畑。桑畑。②雷鳴の時、落雷を避ける呪文として用いる語。また、一般に忌わしいことを避けるためにも言う。雷神があやまって農家の井戸に落ちた時、農夫は蓋をして天に帰らせなかった。雷神は、自分は桑樹を嫌

うから、桑原桑原と唱えるならば再び落ちまいと答えたとの伝説に基づくという。また、死して雷となったと伝える菅公の領地桑原には古来落雷した例がないのに因むともいう。（以下略）（『広辞苑』）

『日本国語大辞典』は㊁を①と②とに分けているが、『広辞苑』は分けていない。また『日本国語大辞典』は「語源説」の欄において菅原道真とのかかわりを説明している。「語源説」は見出し「くわばら」の語源であるはずで、右の「語源説」はなぜ「くわばら」が語義①②のように使われるようになったかの説明である点、「語源説」というよりは「語誌的記述」にみえる。それはそれとするが、『広辞苑』の語釈はそうした「語誌」的な観点を含んで記述されている。それがほどよく「情報」を与えてくれていると感じることがある。

けいこう-せい ケイカウ‥【傾向性】〘名〙（ドイツ Neigung の訳語）倫理学で、一般には特定の感情や欲望を引き起こさせる性向をいう。カントでは、習慣的感性的欲望をさし、これに基づく行為は、道徳法則に合致していても道徳性はないとした。（『日本国語大辞典』）

けいこう-せい ‥カウ‥【傾向性】（Neigung ドイツ）①広義には性向の意味。②カントの倫理学では、理性に対して、習性となった感覚的欲望。それに基づく行為には、道徳法則と外面上合致しても道徳的価値はないとされる。③(disposition) 一定の条件のもとでのみ発現する、事物のもつ潜在的性質。傾性。潜性。(『広辞苑』)

『日本国語大辞典』が倫理学用語としての「けいこうせい(傾向性)」のみを説明しているのに対して、『広辞苑』はそれ以外の語義①③の説明をしている。

マネー-フロー《名》(英 money flow) 国民経済を構成している各部門(企業・家計・政府・金融・海外)間の資金の流れ。資金循環。(『日本国語大辞典』)

しきん-じゅんかん《クワン》**【資金循環】** 国民経済における貨幣の流れを経済循環過程においてとらえた概念。マネーフロー。(『広辞苑』)

マネー-フロー-ひょう《ヘウ》**【—表】**(flow-of-funds account) 一国経済の通貨・信用の流れを、企業・個人・政府・金融・海外など経済主体の部門別・形態別に記録した計算体系。日本銀行が年間・四半期ごとに作成。資金循環勘定。(『広辞苑』)

『日本国語大辞典』は「マネーフロー」を見出しとして、その語釈末尾に「資金循環」という語を（おそらくは類義語的な意味合いで）置く。一方、『広辞苑』は「しきんじゅんかん」「マネーフロー表」いずれも見出しにしている。見出し「マネーフロー表」は「マネーフロー」という語そのものではないが、丁寧な語釈から「マネーフロー」についても理解することができる。『広辞苑』は「マネーフロー（―表）」と「しきんじゅんかん（資金循環）」とをともに見出しにしている点が丁寧な見出し採用であるといえよう。このことについては、後に改めて述べる。「聞蔵Ⅱ」で「マネーフロー」で検索するとヒットは二十三件、「資金循環」で検索すると、ヒットは二三四件で、多くはないが、それでも「資金循環」が使われていることがわかる。そうだとすれば、「しきんじゅんかん」が見出しとして採用されていてよい。

もう一つ対照してみよう。

ぶる-ぶる《副》（「と」を伴って用いることもある）①こきざみに震え動くさまを表わす語。恐怖や緊張感、寒さなどで唇や身体のふるえるさまを表わす語。＊雑俳・柳多留-一八（1771）「ぶるぶるとするで三疋しが出る」＊咄本・春袋（1777）鴨の病気「一羽の鴨がぶるぶるしてうなされるゆへ、友鴨が、コレコレどふした」＊滑稽本・浮世風呂(1809–13)二・上「ヲヲさむいと云ひながら、肩をぶるぶるとして入来るは」＊人情本・春色梅児誉美(1832–33)初・四齣「四五人よってぶるぶると、ふるへる娘の手をとれば」②物の破れこわれる音や震動する音を表わす語。＊名語記(1275)九「物やぶるるをとの、ぶるぶる、如何。ひすらくの反」＊婦系図(1907)〈泉鏡花〉前・四八「扉の響きは、ぶるぶると、お妙の細い靴の尖(さき)に伝はって」(『日本国語大辞典』)

ぶる-ぶる ①モーターなどが小刻みに振動する音。「エンジンが―と動き出す」②寒さ・恐怖・緊張・怒り・中毒などで、体が生理的に震えるさま。鏡花、歌行灯「酒飲みの癖で、些《ち》と―する手」。「こわくて―震える」③小刻みに動かしたり揺れたりするさま。「―と首を振って否定する」「顔を―洗う」(『広辞苑』)

『広辞苑』の「凡例」の「解説」「語釈の区分」の1には「語義がいくつかに分かれる場合には、原則として語源に近いものから列記した」(前付一六頁上段)と記されている。また、『日本国語大辞典』第二版の「凡例」の「語釈について」の一「語釈の記述」の1には「一般的な国語項目については、原則として、用例の示すところに従って時代を追ってその意味・用法を記述する」と記されている。両辞書の記事は同じことを述べている。それは「根幹的な語義をまず述べ、派生したと思われる語義を後ろに置いている」ということだ。語義がどんどん変化していった語は、現在使っている語義が「もっとも新しい語義」ということになり、これは後のほうに置かれていることになる。最初に記されている語義が現在もっともよく使っている語義ではない、ということだ。

さて、『日本国語大辞典』が語義②の使用例としてあげている「名語記」は物が破れる音が「ぶるぶる」と述べており、語義②もそれをいわば認めて「物の破れこわれる音や震動する音を表わす語」という語釈を記している。一方、語義①は音ではなくて「こきざみに震え動くさま」が「ぶるぶる」で、使用例としてあげられている文献も十八世紀以降のものばかりである。このことからすれば、『日本国語大辞典』は〈現状の〉②を①として前に置くべきではないかと思うが、そうしなかった理由が何かあるのだろう。一方、『広辞苑』は「音」としての「ぶるぶる」がやはりまずあって、それが「様態／さま」をあらわすようになったとみて、「モーターなどが小刻みに振動する音」を①としていると思われる。

それゆえ『日本国語大辞典』の①が『広辞苑』の②に、②が①に対応している。両者を並べてみると、すぐにわかるのが『広辞苑』は「語の用法を実地に示」すために、①②③すべてに「現代語の作例」を附していることだ。語釈の「生理的に震える」はよく考えられていると感じる。つまり、本人の意志にかかわらず、怒りで体が震える、あるいは何らかの中毒で体が震えてしまう、ということだと説明している。語釈をつくるプロセスを勝手に想像すれば、「〜でぶるぶるふるえる」という使用例を集める。「〜で」の「〜」にどんな語や表現が入るのかを整理する。すると「寒さ」「恐怖」「緊張」「怒り」「中毒」などがその代表的なものとして整理できる。こういう時に現在であれば、新聞記事のデータベースもあれば、「書きことば均衡コーパス」のようなものもある。そうすると、生まれたての小牛が「ぶるぶると体を震わせた」(『朝日新聞』二〇一七年四月二十日)という表現などがあることがわかる。これが『広辞苑』の③にあたる。

『日本国語大辞典』第二版は「凡例」の「出典・用例について」において「文献からの用例が添えられなかった場合、用法を明らかにするために、新たに前後の文脈を構成して作った用例(作例)を「　」に入れて補うこともある」と述べており、「作例」を載せないわけではない。しかしやはり『日本国語大辞典』は「ある語がどう使われてきたか」を軸にしている辞書で、『広辞苑』はそうした観点ももちながら「ある語をどう使うか」についても対応できるように編集されている辞書であるといえよう。それは、結果としてそうなっているということかもしれないし、そもそもそうなるべくしてなった、ということかもしれない。

3　『日本国語大辞典』にない見出し

オノマトペ・副詞

五十万項目、一〇〇万用例を謳う『日本国語大辞典』にない見出しが二十五万項目の『広辞苑』にあるのだろうか、と思うが、それがある！　しかし、そうであることは、それぞれの辞書が確固たる「編集方針」をもっていることを示していると考える。『日本国語大辞典』には『日本国語大辞典』の「編集方針」があって、それに基づいて見出しを採用し、『広辞苑』には『広辞苑』の「編集方針」があって、それに基づいて見出しを採用しているということだ。だから「大」は「中」を兼ねない。

こりっ‐と《副》①噛んだ時に、歯ごたえのよい弾力がある音のさま。「沢庵を―噛む」②関節が動いたときなどに出る音。「肩を動かすと―鳴る」

ばく‐ばく　心臓が激しく鼓動するさま。「緊張で胸が―する」

「沢庵をこりっと嚙む」という実例など、ちょっとかわいい感じだ。『日本国語大辞典』は、この「コリット」を見出しにしていない。この項目は『広辞苑』初版にはない。副詞やオノマトペは辞書によって、見出しにする、しないの「判断」が揺れるかもしれない。

「心臓がばくばくした」というような表現は（筆者が使うか使わないかは別として）近時よく耳にする。『朝日新聞』のデータベース「聞蔵Ⅱ」で「ばくばく&心臓」で検索をかけると六十一件ヒットする。もっとも古い記事は平成八（一九九六）年である。検索は昭和六十（一九八五）年からかかっているので、平成八年頃からは「新聞でも使うような」語、表現になったと推測できる。「ばくばく」は平成二十（二〇〇八）年に出版された第六版において見出しとなっており、「こりっと」は七版で初めて見出しになっている。やはり「聞蔵Ⅱ」で検索をかけると、平成三（一九九一）年の記事を初めに、二十四件がヒットする。「イカの足」「ジュンサイ（蓴菜）」「ティラピアの刺し身」「マゴチ」「マンボウ」「シャコの卵」「ハクオウダケ（白王茸）」など、さまざまな食材の食感が「こりっと」と表現されていた。

オノマトペにも語義があるとして、オノマトペは語義を調べるというよりも、自身が文を書く時に使おうとして、こういう使い方でいいかな？と調べることがありそうだ。『日本国語大辞典』は見出しになっている語を「どう使うか」よりも「どう使われてきたか」という「情報」を提供しようとしているといってよいだろう。それが「日本語アーカイブ」的な辞書ということだ。だから、オノマトペを見出しにするかどうかということに関して、『日本国語大辞典』と『広辞苑』とで差が出やすいと推測する。

スーパーで買物

紺四郎はスーパーに買物に行きました。そろそろお米がなくなってきたから、まずお米を買わないと。「コシヒカリ」にするか「ササニシキ」にするか、「ニッポンバレ」もあるけど、今日は「アキタコマチ」にしよう。おや「南高梅」がある。今年は梅干しでもつくるとするか。「万願寺唐辛子」は軽く焼いてそのまま食べることにしよう。「豆苗」は炒め物にしよう。「スナップえんどう」は茹でて食べようか。さて、デザートに何を買おうかな。おや「佐藤錦」がもう出ているのか。じゃあ、「佐藤錦」と「デコポン」を買うことにしようか。

ごく普通のスーパーでの買物だが、右の文章中の「ニッポンバレ」「アキタコマチ」「南高梅」「万願寺唐辛子」「豆苗」「佐藤錦」「デコポン」は『日本国語大辞典』が見出しとしていない。一方『広辞苑』は次のように見出しにしている。

にっぽん-ばれ【日本晴】①⇩にほんばれ。②水稲粳《うるち》の育成品種。多収で適応性が極めて高く、福島県以西に広く普及。一九七〇〜七八年は全国作付け第一位。

あきたこまち 水稲粳《うるち》の一品種。「こしひかり」を品種改良。一九八四年秋田県農業試験場で開発。

なんこう-うめ《::カウ::》【南高梅】梅干し用の梅の代表的品種。和歌山県で多く栽培。果実の大きさは中くらいで、果肉が厚い。

まんじ-とうがらし《::グワン::タウ::》【万願寺唐辛子】トウガラシの一品種。万願寺は京都府舞鶴市にある原産地の地名。果実は大型で果肉が厚く甘みがある。

とう-みょう《::メウ》【豆苗】中国野菜。葉を採るために品種改良されたエンドウの若芽。炒めもの・スープに用いる。

スナップ-えんどう《::ヱン::》【―豌豆】成熟したエンドウで、莢も実も食用とするもの。スナックエンドウ。

さとう-にしき【佐藤錦】さくらんぼうの一品種。一九一二年(大正一)山形県東根市の佐藤栄助が黄玉とナポレオンとの交配により作出。

でこ‐ポン　蜜柑の一品種。ポンカンと清見オレンジを交配。へたが盛り上がり、甘味が強く皮が剝きやすい。「デコポン」は商標名。

これらが『日本国語大辞典』においては見出しになっていない。「コシヒカリ」「ササニシキ」であれば『日本国語大辞典』も見出しにしている。「アキタコマチ」は新しい品種ともいえるだろうか。

「万願寺唐辛子」を「聞蔵Ⅱ」で検索してみると、十件ヒットがある。平成十七（二〇〇五）年の記事がもっとも古い。これも食材としてスーパーなどに出回ったのがここ十年ぐらいということはありそうだが、それよりも、そもそも新聞記事に載りにくい、新聞で話題になりにくい、ということがあるだろう。これが新聞ではなくて、小説だったらどうだろうか。「万願寺唐辛子」という語が使われている小説……見当がつかない。つまり、語には文字化されて残されにくい語がある。もっぱら「はなしことば」で使われる語はそうした語の代表格であろうが、「万願寺唐辛子」が「はなしことば」でよく使われるとは思えない。やはり、文字化されにくい語がある。そういう語は辞書が見出しにしにくいだろう。

スーパーのちらしを見て、この語は『広辞苑』が見出しにしているだろうか、と調べてみるのもおもしろいかもしれない。ちなみに「メークイン」は見出しになっているが、「キタアカリ」はなっていない。

品種に強いぞ——ネコとイヌ

ネコやイヌを飼っている人は少なくない。筆者のまわりにもそういう人がいるが、ネコ好きな人同士はネコの種類についてもさまざまに話題にしている。

アメリカン-ショートヘア【American shorthair】ネコの一品種。体毛は短く、日本では灰白色と黒の縞模様が一般的。メーフラワー号でアメリカに持ち込まれたネコの子孫といわれる。

スコティッシュ-フォールド【Scottish fold】ネコの一品種。前方に折れ曲がり垂れた耳が特徴。顔も体も丸みをおびる。体毛の長短・色柄は多様。スコットランドの突然変異種から品種改良された。

シベリアン-ハスキー【Siberian husky】イヌの一品種。体高約五〇～六〇センチメートル。背中は黒や茶褐色で、顔・腹は白色のものが多い。体型・風貌はオオカミに似る。シベリアやカナダのツンドラ地帯が原産地。持久力に優れ、そり犬に適し、また愛玩用。単にハスキーとも。

トイ-プードル【toy poodle】イヌの一品種。プードルのうち特に小型のもの。体高二五～三〇センチメートル、体重三キログラム前後。愛玩用。

パグ【pug】イヌの一品種。体高約二五センチメートル、短毛で、垂れ耳、巻き尾。顔はチンのようにしゃくれ、皺が多い。中国で愛玩用に作出。

ネコやイヌを飼ったことのない筆者でも、右にあげた品種名は耳にしたことがある。『日本国語大辞典』はこれらのネコ、イヌの品種名を見出しにしていない。「アメリカンショートヘアー」は第七版で見出しになっている。

例えば「ロシアンブルー」であれば、『日本国語大辞典』も『広辞苑』も見出しにしているし、「フレンチブルドック」であれば、どちらも見出しにしていない、というようなことはある。

ワイン好きにはたまらない？

赤ワイン用のブドウ品種といえば、「カベルネソーヴィニョン」「シラー」「メルロ（ー）」「ピノノワール」などが有名であるが、これらの中、「シラー」だけ『日本国語大辞典』は見出しにしていない。そこに理由があるかどうかはわからないが、『広辞苑』はこれらの語すべてを見出しにしている。

シラー【Syrah フランス】フランスのコート-デュ-ローヌで多く生産される赤ワイン用ブドウの一品種。南フランス・オーストラリア・アメリカ・南アフリカ等でも栽培される。

その他次にあげる赤ワイン用のブドウ品種は、『広辞苑』が見出しにし、『日本国語大辞典』が見出しにしていない。

ガメ【Gamay フランス】赤ワイン用ブドウの一品種。フランス、ブルゴーニュ地方のボジョレー地区で多く栽培される。

グルナッシュ【Grenache フランス】赤ワイン用ブドウの一品種。南フランス・スペインで多く栽培される。

サンジョヴェーゼ【Sangiovese イタリア】赤ワイン用ブドウの一品種。トスカーナ地方を中心にイタリア各地、またカリフォルニアなどでも栽培される。

ジンファンデル【Zinfandel】アメリカ、カリフォルニア州を代表するワイン用ブドウ品種。主に赤ワインに製するが、ロゼ風のものも作られる。

テンプラニーリョ【Tempranillo スペイン】スペインの代表的な赤ワイン用ブドウ品種。同国全域・ポルトガルの他、オーストラリア・アルゼンチンなどでも栽培。

ニワトリにも詳しい?

うずら-お《ウヅラヲ》【鶉尾】鶏の一品種。高知県原産。小型で尾羽がなく、ウズラに似る。天然記念物。鶉矮鶏《うずらチャボ》。

お-ひき《ヲ:》【尾曳】鶏の一品種。高知県原産。足が短くて雄は尾羽が長く後方へ引く。天然記念物。蓑曳矮鶏《みのひきチャボ》。

かわち-やっこ《カハチ:》【河内奴】(好戦的なさまを町奴にたとえての称という)鶏の一品種。小型だが、行動は活発。鶏冠は三枚一組(三枚冠)。天然記念物。河内奴鶏。

くろ-かしわ:カシハ【黒柏】鶏の一品種。黒色大型。長鳴きで、長いものは一〇秒に達する。天然記念物。

さつま-どり【薩摩鶏】鶏の一品種。鹿児島県原産。大型で、もと闘鶏用、現在は観賞用。天然記念物。食用のものは他の品種との掛合せ。剣付鶏。

じとっ-こ:ヂ【地頭鶏】(地頭に献上したことからの称という)鶏の一品種。鹿児島県・宮崎県原産。脚が短く、肉質に優れる。天然記念物。

ニワトリに関していえば、肉や卵が身近な食材であるので、かなり細かい品種名なども耳にすることがある。「名古屋コーチン」「比内地鶏」などはよく耳にする。「名古屋コーチン」は『日本国語大辞典』『広辞苑』ともに見出しにしているが、右に掲げた六語は『広辞苑』のみが見出しにしている。天然記念物であることが立項の理由だろうか。

スーパーで買う食料品の名前、ペットとして飼われているネコやイヌの種名、嗜好品として飲むワイン用のブドウの品種名、ニワトリの種類名、いずれも「日常生活」では目にしたり、耳にしたりする「語」である。しかし、右にあげたような語は「書きことば」としては使われにくそうだ。つまり、もしも「書かれた情報」つまり「文字化された情報」を主軸にして辞書の見出しを決めようとすれば、なかなか検討のテーブルに上がらないだろうということだ。『日本国語大辞典』が「はなしことば」を見出しにしていないということはない。しかし「歴史主義」はどこかで「文献主義」と重なり合いをもつ。そうだとすると、「書きことば」のほうが「はなしことば」よりも見出しになりやすいことになる。『広辞苑』はほどほどに「日常のはなしことば」で使われる語を見出しにしているといえよう。

ルパンとホームズ

モーリス・ルブランのアルセーヌ・ルパンシリーズの中に『ルパン対ホームズ』という日本語タイトルに訳されている作品がある。原題は *Arsène Lupin contre Herlock Sholmès*（「アルセーヌ・ルパン対エルロック・ショルメ」）で、コナン・ドイルのシャーロック・ホームズシリーズの名探偵シャーロック・ホームズ（Sherlock Holmes）のパロディキャラクターである「Herlock Sholmès」がルパンと対決する。「Herlock Holmes」は「Sherlock Holmes」の頭文字を入れかえている。

モーリス・ルブラン、コナン・ドイルは実在の人物である。しかし「アルセーヌ・ルパン」や「シャーロック・ホームズ」は小説作品中の登場人物名である。『広辞苑』は「ルブラン」「ドイル」を見出しにし、さらに「ルパン」も「ホームズ」も見出しにしている。しかし「ワトソン博士」は見出しにしていない。こうなると「明智小五郎」も気になるが、「明智小五郎」は見出しになっている。

ルブラン【Maurice Leblanc】フランスの作家。一九〇七年に始まった冒険推理小説ルパン‐シリーズ「奇巌城」「水晶の栓」などで有名。（一八六四～一九四一）

ドイル【Arthur Conan Doyle】イギリスの小説家。私立探偵シャーロック＝ホームズの活躍する一連の推理小説で著名。歴史小説やＳＦも書いた。のち、心霊術に染まる。（一八五九～一九三〇）

ルパン【Arsène Lupin】（正しくはリュパン）フランスの小説家ルブランの作品の主人公である怪盗紳士の名。

ホームズ【Sherlock Holmes】コナン＝ドイルの推理小説シリーズの主人公である私立探偵の名。相棒はワトソン博士。シャーロック＝ホームズ。

あけち‐こごろう【明智小五郎】江戸川乱歩の推理小説で活躍する名探偵。一九二五年

（大正一四）の「D坂の殺人事件」に初登場。

こうなるとコミック漫画の登場人物が気になってくる。「鉄腕アトム」は？「鉄人28号」は？「ウルトラマン」「ウルトラセブン」「仮面ライダー」は？という感じになってくる。

てつわんアトム【鉄腕―】 少年ロボットの活躍を描いた手塚治虫作の漫画。一九五一年から六八年まで月刊誌「少年」に連載（初めは「アトム大使」）。また、初の国産連続テレビ-アニメとして六三年に放映開始。

ウルトラ-マン 一九六六～六七年に放送された円谷《つぶらや》プロ製作の特撮テレビドラマ。また、その主人公。変身して怪獣などと戦い地球を守る巨大ヒーローという設定を引き継ぎ、シリーズ化される。

かめんライダー【仮面―】 一九七一年～七三年に放送された特撮テレビドラマ。石ノ森章太郎原作。また、その主人公。人体改造されて異形の姿に変身する能力を得て悪の組織と戦う。オートバイに乗って戦う変身ヒーローという設定を引き継ぎシリーズ化される。

「鉄腕アトム」は見出しになっているが、「鉄人28号」はなっていない。「ウルトラマン」は見出しになっているが、「ウルトラセブン」はなっていない。「セーラームーン」もなっていない。ううむ。

ここまで『広辞苑』と『日本国語大辞典』第二版とを対照してきた。中型と大型とを比べるのだから、「条件」が違う。それは承知した上での対照ということだ。『広辞苑』と対照すると『日本国語大辞典』が過去の日本語に関する「情報」に手厚いことがよくわかる。「過去から現在までの日本語の歴史」を視野に入れた編集といえばよいだろうか。それは「日本語アーカイブ」のちかくに位置しているように感じる。『広辞苑』は、といえば、過去の日本語にも目配りをしながら、現在の言語生活にバランスよく対応するように編集されていると感じる。そうだとすると、「どちらがいいか」ということではないことは明らかだ。当たり前のことであるが、使う人が自身の目的に応じて使っていくということになるだろう。

第五章　『広辞苑』の使い方

――「世界をのぞく窓」を増やそう

1 『広辞苑』の内から外へ

語彙を増やすだけじゃない

本章では、『広辞苑』は、こういう使い方をすると、より「情報」を引き出せるのではないだろうか、おもしろいのではないだろうか、ということについて述べていきたい。

言語使用者はそれぞれの脳内に「辞書」のようなものをもっていると前提し、それを「心的辞書(mental lexicon)」と呼ぶことがある。「情報を引き出して結びつける」ことによって自身の「心的辞書」が強化される。それはもちろん「語彙が増える」ということでもある。しかし、ここでは『広辞苑』を使って「語彙を増やそう」と述べようとしているわけではない。「語彙を増やす」ことは自身が文章を書く、ということに直結しているように感じるかもしれない。もちろん語彙が豊富であれば文章を書く時にいい。しかし、語彙が豊富であるということは、ある語とある語との違いがわかるということでもある。「同じ事を言うにしても言い方ってものがあるだろう」という。その「言い方」だ。Xを使って言うととげとげしそうだから、Yを使って言おうとか、こちら側から言うと否定的な感じが強く出すぎるからこちら側から言ってみようとか、そういう経験は誰にでもあるだろう。

現在は「コミュ力《りょく》」という語が使われる。『広辞苑』『大辞林』は見出しにしていないが、『大辞泉』には見出しがあって「「コミュニケーション能力」の略」と説明されている。筆者は「コミュニケーション能力」は「はなしことば」に限ったものではないと考えるが、一般的にはおもに「はなしことば」が想定されているだろう。しかしそれは「言語生活」の一部にしか過ぎない。ここまで繰り返し述べてきたが「言語生活」には「書きことば」による「言語生活」もある。『広辞苑』がもっている「情報」をうまく引き出し、それを結びつけることによって、「言語生活」が豊かになる。そういうことについて、本章で述べてみたい。

筆者は「ことばは世界をのぞく窓」のようなものではないかと思っている。いろいろなところに窓があれば、いろいろな景色がみえて楽しい。そしてその窓から飛び出してそこに行ってみたくなる。それはつまり、楽しい「言語生活」、豊かな「言語生活」、能動的な「言語生活」ということだ。

さて、「凡例」の最後に「解説」が置かれていて、そのまた最後が「その他」だ。「その他」は1から7まであるが、その6「参照記号」に注目したい。

⇩　解説はその項目を見よ
↓　その項目を参照せよ
↕　対語・反義語

小型国語辞書においても、同様の「手当」がされていることが多いので、これが『広辞苑』独自であるということではない。そうではなくて、右のような「手当」が手厚く丁寧になされているように感じるということだ。あまり使わない語を使って説明してみよう。『大辞泉』と『大辞林』とを併せてあげた。

情報を結びつける――漢語、和語、外来語

けん‐しゅ【黔首】〔史記秦始皇本紀〕（「黔」は黒色。昔、中国で人民は冠物《かぶりもの》をせず、黒髪を出していたからいう）人民。庶民。黎民。たみくさ。↓黔黎《けんれい》

けん‐れい【黔黎】（秦では「黔首《けんしゅ》」、周では「黎民」といったことから）人民。庶民。百姓《ひやくせい》。（『広辞苑』）

けん‐しゅ【黔首】《「黔」は黒い色。古代中国で、一般民衆は何もかぶらず、黒い髪のままでいたところから》人民。庶民。「賢王、聖主の普《あまね》き御恵を黎元《れいげん》―までに及ぼし給ふこと」〈十訓抄・一〉（『大辞泉』）

けんしゅ【黔首】（「黔」は黒色。昔、中国で庶民はかぶりものをせず黒髪を出していたことから）人民。たみくさ。きんす。「御恵を、黎元・―までに及ぼし給ふ事／十訓二」（『大辞林』）

『大辞泉』『大辞林』は「ケンレイ（黔黎）」を見出しにしていないので、「ケンシュ（黔首）」と「ケンレイ（黔黎）」とをつなぐことは「ない」わけであるが、『広辞苑』では二つの見出しがつながれていて、自身が調べた項目以外の項目を参照することによって、「情報」が幅広くなっている。右では漢語同士を結びつけているが、次のような場合もある。

せい‐か‥クワ【盛花】季節の盛りの花。→珍花・残花
ちん‐か‥クワ【珍花】形や色の珍しい花。また、季節初めの花。→盛花《せいか》・残花

ざん-か【残花】 散り残った花。特に、桜の花。余花。残英。〈季春〉。↓珍花・盛花《せいか》

よ-か【余花】 春におくれて咲く花。特に初夏に咲くおそ咲きの桜。〈季夏〉

ざん-えい【残英】 散り残った花。残花。

「せいか（盛花）」から「ちんか（珍花）」「ざんか（残花）」二つの見出しを「参照せよ」となっている。「ちんか（珍花）」は「形や色の珍しい花」という語義の他に「季節初めの花」という語義があるということは知らなかった。「花盛り」に対して「花の咲き始め」ということだ。そして「ざんか（残花）」は「散り残った花」ということで、「ちんか（珍花）」↓「せいか（盛花）」↓「ざんか（残花）」と花が推移していく。

見出し「ざんか（残花）」の語釈末尾には、「↓」はないけれども、「余花」「残英」とある。この二語も見出しになっていたので、併せてあげておいた。「よか（余花）」には「春におくれて咲く花」という語義があることがわかる。「ざんえい（残英）」は「ざんか（残花）」と同じ語義にみえる。

すぐに「セイカ（盛花）」の語義を知りたい場合には、「珍花」「残花」を調べている余裕はないかもしれない。しかし、それほど急いでいるのではない折には、「↓」の先を調べてみ

ることによって、花の咲き方（咲くタイミング）に関しての語を（体系的に）知る事ができる。こうしたことによって、今まで知らなかった語にふれることができる。

『広辞苑』は辞書であるので、一定の吟味を経た語釈が置かれている。それをきちんとよむことによって、語がどういう「距離」を保って存在しているかというようなことを（なんとなくにしても）感じることができる。「距離」は「発想」でもある。漢語同士の「距離」を知ることは漢語、かつての中国語の「発想」を知ることでもある。これは語彙を増やすということを超えたことといえよう。さらにいえば「発想」は「感じ方」という「感性」寄りのことと、「考え方」という「思考」寄りのことの二つを含む。『広辞苑』をよんで、「感性」と「思考」を磨こうというといささか大げさになるが、そういう面がある。

そ-せい【塑性】(plasticity) 変形しやすい性質。外力を取り去っても歪《ひずみ》が残り、変形する性質。可塑性。↓弾性・脆性《ぜいせい》

だん-せい【弾性】〔理〕(elasticity) 外力によって形や体積に変化を生じた物体が、力を取り去ると再び元の状態に回復する性質。体積弾性と形状弾性とがある。↓塑性

ぜい-せい【脆性】もろさ。材料が塑性・延性を欠き、外力による変形の小さいうちに破壊

する性質。

見出し「そせい（塑性）」には「弾性」「脆性」を「参照せよ」とあり、見出し「だんせい（弾性）」においては「塑性」を「参照せよ」とある。結局「塑性」「弾性」「脆性」はセットで覚える方が理解しやすいということだろう。そもそも語は他の語との「かねあい」の中で位置を決めているのだから、このようなとらえかたは、語彙のあり方に即している。

あらゆる外来語が和語で説明できるわけではない。説明できないからこそ、外来語を使うというのがむしろ「筋」であろう。しかしまた、和語を使っていたが、ほぼ同様の語義をもった外来語が日本語の語彙体系内に「参入」してきて、和語に変わって使われるようになる、ということもある。外来語が使われるようになって、従来使われていた和語が使われなくなることもあるし、従来とは少し異なる語義に変化したり、使われる場が限定されたりというようなこともある。しかしまた、外来語の語義を考える場合、結局、和語あるいは漢語で置き換えて（なんとなくにしても）理解することが多いかもしれない。和語と外来語との関係、結びつきもまた興味深いことがらの一つだ。

す-もぐり【素潜り】 潜水用の器械・器具などを用いずに、水中にもぐること。↓スキン-ダイビング

スキン-ダイビング【～ diving】（「素潜り」の意）スキューバなどの呼吸器具を用いずに水中を潜るスポーツ。素潜り。競技性の強いものはフリー-ダイビングという。

見出し「すもぐり」は外来語「スキンダイビング」の参照を促す。見出し「スキンダイビング」はまず「「素潜り」の意」と記し、語釈中にも「素潜り」とある。このことからすれば、和語「スモグリ」と外来語「スキンダイビング」とは限りなく同義語にちかそうにみえる。大枠としてはそうだろう。しかしまた、いついかなる場面でも「スキンダイビング」と「素潜り」とは交換可能かといえばそうではなさそうなこともすぐわかる。このあたりがことばの難しいところであり、おもしろいところでもある。

『広辞苑』サーフィン

せいき-ろん【生気論】〔哲〕(vitalism) 生命現象の根底には物理・化学の法則だけでは説明できない独特な生命の原理(活力)があるという説。一八世紀中頃以後、一部の生理学

者・哲学者が唱えた。活力説。↓エンテレケイア

エンテレケイア【entelecheia ギリシア】アリストテレス哲学の重要概念。telos（目的）に達している状態の意。可能態である質料が目的とする形相を実現し、現実態として運動が完結した状態。後に生物学者ドリーシュ（H. Driesch 一八六七―一九四一）などの生気論において生命の非物質的原理とされる。エンテレキー。↓エネルゲイア

エネルゲイア【energeia ギリシア】アリストテレス哲学の中心概念。種子が花になるように、潜在的な可能態（デュナミス）がその働きを十全に実現している段階を指す。現実態。

「セイキロン（生気論）」から「エンテレケイア」を参照し、「エンテレケイア」から「エネルゲイア」を参照するように「導き」がある。「どこまでいけばいいんだ？」と怒ることなかれ。『広辞苑』の「導き」に従って、語の連鎖を追いかける余裕が欲しい。ネットサーフインならぬ『広辞苑』サーフィンを楽しむのもまた一興ではないか。

り-さつ【利札】公債証書・債券などにつける利子支払保証の札。クーポン。りふだ。

クーポン【coupon フランス】①切取り式の券。回数券や債券の利札の類。②旅行者の便宜のた

めに発行する、各種乗物の通し切符や指定旅館の宿泊券などを一綴りにしたもの。③一般に、割引券・優待券。

見出し「りさつ」の語釈に「クーポン」とあったので、見出し「クーポン」にあたってみると、右のように記されていた。『日本国語大辞典』はまず「本体から切り取っては使用する紙片をいう」と説明してから、語義を「①債券の利札、回数券、景品券、配給券、観覧券などの切取式切符」「②鉄道、バスなどの乗車券や指定旅館の宿泊券などを一つの組にしたもの」「③信用販売における商品購入切符など」と三つに分けて説明している。筆者の経験でいえば、バスの回数券が「切取式」だった。十枚分の代金で十一枚分の綴りを買うことができた。「あれはクーポンと呼んでもよかったのか」と改めて思った。「クーポン」がフランス語由来の外来語だとわかると、仏和辞書を調べてみたくなる。こうなると「『広辞苑』サーフィン」が『広辞苑』から外にでていくことになる。「新たな窓」を獲得するために、『広辞苑』から飛び出すという感じだろうか。これも「語彙を増やす」ということとは少し違う。

2　豊かな言語生活のために

語釈末に注目！

せいいく‐ばしょ【生育場所】（habitat）植物の個体もしくは植生が生育している場所。生育できる場所の条件を指すこともある。ハビタット。

ゆ‐じ【諛辞】へつらいの言葉。ゆげん。

ゆ‐げん【諛言】へつらいの言葉。

ゆび‐あそび【指遊び】炉辺での児童の遊戯。指の名を教えたり、数をかぞえたりする遊び。火たもれ。

見出し「せいいくばしょ」の語釈末に置かれている「ハビタット」は見出しになっており、そこには「ハビタット【habitat】動物における生息場所、あるいは植物における生育場所」と記されている。見出し「せいいくばしょ」には「その項目を参照せよ」という符号が附されていない。見出し「ハビタット」の語釈には「動物における生息場所」も含まれており、

「セイクバショ」は「セイイク」で動物が含まれていないために、参照符号を附さなかったということだろうか。

「ユジ(諛辞)」はあまり使わない語であるが、見出し「ゆじ」の語釈末には「ゆげん」とある。これが漢字列「諛言」でないのは見出し「ゆげん」があるためであろうか。見出し「ゆげん」をみると「へつらいの言葉」と説明されている。そのことからすれば、漢語「ゆげん(諛言)」「ゆじ(諛辞)」はほぼ同義である(と編集者が判断している)ことがわかる。

見出し「ゆびあそび」の語釈末に置かれている「火たもれ」はおそらく「ユビアソビ」の「別称」あるいは類義語という位置づけであろうが、『広辞苑』はこの語を見出しにしていない。『日本国語大辞典』も見出しにしていない。語釈末に置かれた「別称」や類義語は、見出しの「言い換え」という面もありそうで、それをまた見出しにするのではいわばきりがないともいえよう。そう思う一方で、語釈末の「別称」や類義語も語釈の一部であるとみるならば、「別称」や類義語についても何らかの説明があると丁寧だとも思う。そういう意味合いからすれば、ここでの「火たもれ」にはもう少し説明があれば、と思う。

↕にも注目！

そこ‐うおヲ‥ウ【底魚】主に海底近く、または海底の砂泥中にすむ魚。カレイ・ヒラメ・タラの類。底生魚。↕浮き魚

うき‐うおヲ‥ウ【浮き魚】常に海水の上層にすむ魚。イワシ・カツオなど。表層魚。↕底魚《そこうお》

ひょうそう‐ぎょ‥ヘウ【表層魚】浮魚《うきうお》のこと。

「底生魚」は見出しになっていない。「ソコウオ（底魚）」が〈海底ちかくに棲息する魚〉だということはすぐにわかるが、その反対概念が「ウキウオ（浮魚）」であるということはすぐにはわかりにくいし、「ウキウオ」はそもそもあまり馴染みのない語ではないだろうか。

オフ‐サイド【offside】サッカー・ラグビーなどで、反則の一つ。競技者が、競技のできない位置にありながらプレーすること。↕オンサイド

オン‐サイド【onside】サッカー・ラグビーなどで、選手が競技できる正規の位置にあること。↕オフサイド

サッカーやラグビーを観戦していると「オフサイド」という反則がよくある。「オフサイド」があるのだから「オンサイド」があるのは当然といえば当然であるが、両項目をよむと、よくわかるということはあるだろう。細かいようだが「選手が競技できる正規の位置」そのものも「オンサイド」ではないか。

流行の歴史をしる

ソバージュ-ヘア 髪の根元から毛先まで、やや強めの細かいパーマをかけてウェーブをつけた髪型。一九八三年頃より流行。

サーズ【SARS】(severe acute respiratory syndrome) SARSコロナ-ウイルスを病原体とする感染症。飛沫感染し、発熱・咳・呼吸困難を呈する。二〇〇二～〇三年に世界的に流行。重症急性呼吸器症候群。

バレンタイン-デー【St. Valentine's day】 二月一四日。二六九年頃殉教死したローマの司祭ウァレンティヌス(バレンタイン)の記念日。この日に愛する人に贈り物をする。日本では一九五八年頃より流行し、女性から男性にチョコレートを贈る習慣がある。

ハン-りゅうウ:リ**【韓流】**(「ハン」は「韓」の朝鮮語音) 二〇〇三年頃に始まった、映画・テレビドラマ・音楽など韓国大衆文化の日本における流行現象。かんりゅう。

ベルボトム-パンツ【bell-bottom pants】 裾《すそ》広がりのズボン。一九六〇年代後半から七〇年代に流行した。ラッパズボン。パンタロン。

ボディ-コン（「身体を意識した」の意の body-conscious から）ウェストを絞り、胸やヒップを強調して女性らしさを印象づけようとするファッション-スタイル。一九八〇年代後半に流行。

「ソバージュヘア」には「一九八三年頃より流行」とかなり具体的に記されている。『朝日新聞』のデータベース「聞蔵Ⅱ」に「ソバージュ」で検索をかけると、昭和六十三（一九八八）年八月二日の記事が確認できる。新聞記事として使われるようになるのは、流行から少し遅れるということだろう。ちなみにいえば、大学生の頃に読んだレヴィ＝ストロースの『野生の思考』の原題は *La pensée sauvage* だ。

「サーズ」で筆者の所属している日本語学会が中止になったことがあった。

「ハンりゅう」の語釈にみられる二〇〇三年（平成十五年）の四月から九月まで、NHKのBS2で『冬のソナタ』が放送され、十二月には再放送、平成十六（二〇〇四）年四月三日から八月二十一日まではNHK総合テレビで放送された。

「ベルボトムパンツ」が「一九六〇年代後半から七〇年代に流行した」ことを筆者は経験として知っている。昭和四十六(一九七一)年は筆者が中学校一年生で、その頃に「パンタロン」「ベルボトム」という語を耳にした記憶がある。当時筆者の家に母方の祖母が同居していたが、「パンタロンってわかる?」とたずねたところ、富山生まれの祖母が「ラッパズボンのことやろ」と言ったことを覚えている。今にして思えば、祖母が口にした「ラッパズボン」と当時流行していた「パンタロン」とはどこまで「同じ」だったのだろうか。そんなことを思い出した。

ファッションとしての「ボディコン」がはやり、それにともなって語としての「ボディコン」が使われるようになったわけだが、この「コン」がすぐに「conscious」に結びつかなかった。おそらく、「マザコン」という語がすでにあって、それを連想してしまうからだろう。いろいろな外来語が「コン」と省略される。ロゴヴィスタ版を使って「後方一致」「コン」で検索をかけるとさまざまな「〜コン」がヒットする。そもそも『広辞苑』は接尾辞「コン」を見出しにしている。ただし「コンシャス(conscious)」は「などの略」の中に入っていない。

コン　コンピューター・コンディショニング・コンプレックス・コントロール・コンテスト・コンクリートなどの略。「パソー―」「エアー―」「マザー―」「リモー―」「ミスー―」「生《なま》―」

ナウ・い『形』（ナウを形容詞化した昭和末の流行語）いまふうである。流行の先端をいっている。

さて、見出し「ナウい」は「昭和末の流行語」と説明されている。昭和は六十四年までだから、西暦でいえば一九八九年までだ。ちゃんと考えれば、誤解が生じるはずはないが、印象としていえば、「昭和末」は何かずいぶんと以前のような印象を与えないだろうか。それはあるいは昭和三十三（一九五八）年生まれの筆者の個人的な印象なのかもしれない。しかし、右に示した見出しの語釈内には、いずれも西暦でその語あるいは現象が流行した頃が示されており、それに対して（西暦で絞りきれないということかもしれないが）「昭和末」とあることが必要以上に「古い」感じを『広辞苑』使用者に与えていないだろうか。

昭和五十九（一九八四）年十二月二十八日の『朝日新聞』に「’84世相語年鑑（8―12月）」という記事が載せられているが、記事内に「80年代世相語ベスト10」が示されていて、その一九八〇年の五番目に「ナウい」がある。ちなみにこの年の一番目には「それなりに」が、二番目には「ピッカピカ」、三番目には「カラスの勝手でしょ」が置かれている。一九八〇年は昭和五十五年で、ここからまだ昭和は十年ちかく続く。

エス-まき【S巻】女性の髪型。明治後期に流行した夜会結びの変形で、後頭部の髪をS字形に巻いたもの。

うたごえ-きっさ:ゴヱ:【歌声喫茶】店内で客が合唱を楽しめる喫茶店。昭和三〇年代に大流行した。

うんてれがん（江戸後期、化政・天保の頃の流行語）馬鹿、低能な者をあざけっていう語。浪花聞書「―。おろか成もののことを云」

シャボン-だま【―玉】石鹸《せっけん》を水に溶かし、その水滴を細い管の一方の口につけ、これを他方の口から吹いて生じさせる気泡。空中をただよい、光の干渉で美しい色彩を呈する。一六七七年（延宝五）頃、初めて江戸でシャボン玉屋が行商して流行。〈季 春〉。

「―を飛ばす」

「流行」というと最近のことを想起するが、右のような「流行」もある。江戸時代に「シャボン玉屋」があったというのは驚きだ。

英語名からあれこれと

『広辞苑』は国語辞書であるが、「英語名」を知ることもできる。

アセンズ【Athens】アテネの英語名。

アテネ【Athenae ラテン】ギリシア共和国の首都。アッティカ半島の西側に位置する。古代ギリシアの代表的ポリスで、文化の中心地。パルテノン神殿を含むアクロポリスは世界遺産。人口六六万四千(二〇一一)。アテナイ。英語名アセンズ。

クレソン【cresson フランス】アブラナ科の多年草。ヨーロッパ原産。明治初期に日本に導入され葉菜として栽培されたが、今は、各地の清流・水湿地で野生化。葉はセリに似て暗緑色の複葉。茎は水中をはう。全草に辛味があり生食。オランダガラシ。ミズガラシ。

英語名ウォーター‐クレス。

ジュネーヴ【Genève フランス】スイス南西端、レマン湖畔の都市。赤十字国際委員会を始め、多くの国際機関がある。また、国際連盟本部があった（現在、国連欧州本部）。時計などの精密工業で著名。人口一九万五千（二〇一五）。日本で古くはゼネヴァ。寿府。英語名ジェニーヴァ。ドイツ語名ゲンフ。

セージ【sage】①サルビアの英語名。②アキギリ属（学名サルビア）の多年草。南ヨーロッパ原産の香辛料植物。高さ約九〇センチメートル。茎は四角く、基部は木質、葉には白毛があり表面に細い皺がある。夏、紫色の唇形花を五〜六層に輪生。葉は薬用とし、また香料としてソーセージなどに用いる。

ひよこ‐まめ【雛豆】（英語名 chickpea の訳語）マメ科の一年草または二年草。西アジア原産とされる古い作物。インド・南ヨーロッパに多い。ひよこの頭に似た形の種子を食用・飼料用とする。ガルバンソ。エジプト豆。

むにん‐しま【無人島】小笠原諸島の旧名。英語名の Bonin Islands のもととなった。同諸島に固有の動植物名に「むにん」を冠するものが多い。ぶにんじま。

ライラック【lilac】〔植〕リラ（lilas）の英語名。

わすれな-ぐさ【勿忘草】（英語名 forget-me-not から）ムラサキ科の多年草。一年草として観賞用に栽培。原産地のヨーロッパでは水湿地に群生。高さ約一〇〜三〇センチメートル。春夏に、巻尾状の花穂に藍色の小花を多数つける。〈季 春〉

英語をあまり使わずもっぱら日本語だけを使って言語生活、日常生活を送っていると、ギリシア共和国の首都は「アテネ」ということになる。しかし自身の言語生活の中に、日本語以外に英語を使う言語生活がある場合は、ギリシア共和国の首都は「Athens」であって「アテネ」ではない。日本語の語彙体系内に位置を占めている外来語は、ある時期に借用され、使用が蓄積されて位置を占めるに至る。いかなる言語として借用されたかによって、外来語の語形が決まるのだから、「アテネ」のようにラテン語形が定着することもあれば、「ジュネーヴ」のようにフランス語形が定着することもある。

これは地名には限らない。クレソンはフランス語形が定着していることになる。『日本国語大辞典』は見出し「クレソン」を「アブラナ科の多年草。ヨーロッパ原産で、日本に帰化し、各地の流れのふちや湿地に生え、また、生食用に栽培されている（中略）。オランダがらし。みずがらし。学名は Nasturtium officinale《季・春》」と説明しており、学名を併せて示している。『広辞苑』は「オランダがらし」を見出しにし、「クレソンの和名」と説明している。「みずがらし」は見出しになっていない。「オランダガラシ」がクレソンの「和名」ということがわかると、筆者などは使用例を確認したくなる。しかし『日本国語大辞典』の見出し「オランダがらし」には使用例は示されていない。語釈末には「みずがらし。オランダみずたがらし。ウォータークレス。クレソン」とあって、ここでは「オランダみずたがらし」という呼称が示されている。松村任三『植物名彙』(一八八四年、丸善株式会社書店、一九〇〇年発行の第四版を使用)の見出し「Nasturtium officinale」には「ミヅタガラシ」とある。

コモンセージの学名は「*Salvia officinalis*」でクレソンの学名にもみられる「officinalis」(オフィキナリス)は〈薬用の〉という語義をもつラテン語で、いわゆるハーブ類の植物の学名によくみられる。コモンセージの花がサルビアに似ているなと思ったことがあるが、それは当り前だった。筆者が「セージ」という語を初めて知ったのは、サイモンとガーファンクルのサードアルバム『パセリ・セージ・ローズマリー・アンド・タイム』で、だった。そんなことをふと思い出した。

ひよこ豆は豆の名前としては珍しいと思ったことがあった。豆の形と色とからこの名前をつけた人はすばらしいと思ったが、英語がすでにそうだったということも『広辞苑』でわかる。そうかと思えば日本語の「ムニンシマ(無人島)」から英語がつくられたりもする。

昭和二十六(一九五一)年に岡本敦郎が歌ってヒットした曲の名は「リラの花咲く頃」だ。松本隆作詞、筒美京平作曲で太田裕美が歌った「リラの花咲く頃」もあり、最近では中島みゆき作詞作曲の「リラの花咲く頃」もある。

明治三十八(一九〇五)年に出版された上田敏訳『海潮音』に「ヰルヘルム・アレント」(Wilhelm Arent)の「Vergissmeinnicht」が載せられているが、詩の題名は「わすれなぐさ」であるので、明治三十八年の時点で、「ワスレナグサ」という語形が使われていたことがわかる。この「ワスレナグサ」という語形について、牧野富太郎が異を唱えたことが知られている。牧野富太郎は『牧野日本植物図鑑』(一九六一年初版、北隆館)において「世間ではこれをワスレナグサといつているが、「私を忘るなよ」の意味であるから、ワスルナグサと呼ぶ方がよいと思う」と述べている。『日本国語大辞典』は見出し「わするなぐさ」をたてて、そこに右の牧野富太郎の言説を示している。

明治四十二(一九〇九)年に出版された北原白秋『邪宗門』には「なわすれぐさ」という題名の作品が収められており、その詩の末尾には「今日も咲く　なわすれの花」とある。『日本国語大辞典』は「ナワスレグサ」を見出しにしていない。

これも略語か！

あせ‐だく【汗だく】（「汗だくだく」の略）汗をびっしょりかいているさま。

アド‐リブ【ad lib アメリカ】（ad libitum ラテンの略）①ジャズの即興的な独奏。楽譜と離れて自由にメロディーを作り出して演奏する。↓アド‐リビトゥム。②映画・演劇などで、俳優が台本にないせりふを即興的にしゃべること。

アド‐リビトゥム【ad libitum ラテン】（「任意に」の意）クラシック音楽で、装飾・速度などに関して演奏者の任意の判断に委ねること。ad lib. と略す。↓アドリブ

アプリ アプリケーションの略。特に、スマートフォンなどで用いるソフトウェア。

アプリケーション【application】（適用・応用の意）アプリケーション‐プログラムの略。コンピューターで、使用者の業務に応じて作成されたプログラム。応用ソフトウェア。アプリ。

うざ・い《形》（「うざったい」を略した俗語）わずらわしい。うっとうしい。気持が悪い。

えき‐べん【駅弁】「駅売り弁当」の略。鉄道駅で乗客に売る弁当。

カツ‐どん【—丼】（「カツレツどんぶり」の略）丼飯に、豚カツと葱《ねぎ》類を甘辛く煮て卵でと

じてのせたもの。

かに-かま【蟹蒲】（蟹風味かまぼこの略）蟹肉に似た風味・形状・食感に仕上げた魚肉練り製品。

から-たち【枳・枸橘・枳殻】（カラタチバナの略）ミカン科の落葉低木。中国の原産で、普通生垣として栽培。高さ約二《メートル》で、よく分枝し、とげが多い。樹皮は緑色。葉は複葉、葉柄に翼をもつ。春の末、葉に先立ち、白色五弁の小花を開く。秋、芳香ある実が黄熟するが食べられない。未熟の実を乾し健胃剤とする。臭橘。きこく。花は〈季春〉。万葉集一六「—の茨《うばら》刈り除《そ》け倉建てむ」

き-ざ【気障】（「きざわり」の略）①心にかかり、苦になること。心配。柳樽五「あたらしい通ひに—な引き残り」②服装・態度・行動などが気取っていて、人に不快や反感を感じさせること。いやみ。「—な奴」

ぎしん-あんき【疑心暗鬼】「疑心暗鬼を生ず」の略。

きそう-てんがい《・・サウ・・グワイ》【奇想天外】普通の人の思いもつかないほど奇抜なこと。「奇想天外より落つ」「奇想天外より来る」の略。

ギプス【Gips《ドイツ》】①石膏《せっこう》。②ギプス包帯《ほうたい》の略。

ギプス-ほうたい‥ハウ‥【―包帯】石膏末を含ませた包帯。骨折・関節炎などで、局所の安静、位置の固定を要する患部に巻く。現在では多くガラス繊維などをポリウレタン加工したプラスチック-ギプス包帯を用いる。

クロール【crawl】（～stroke の略）近代泳法の一つ。両手を交互に抜いて水を掻き、ばた足を使う最も速い型で、一般に自由形競泳はこの型を用いる。

「アプリ」が「アプリケーション」の、「えきべん（駅弁）」が「駅売り弁当」の略語だということは、少し考えればわかるだろう。しかし、「アドリブ」がラテン語「ad libitum」（アドリビトゥム）の略語だということを承知している人は多くはなさそうだ。

「からたち」はそういう名前の植物だと思い、ああいうものが「ギプス」だと思っている人は少なくないだろう。また、「ギシンアンキ（疑心暗鬼）」という名前の鬼がいて、「奇想天外」は〈とっぴなこと〉と思っている人も少なからずいそうだ。すでに略語であることがすぐには意識できなくなっている語が案外あることも、辞書を丁寧に読むことによってわかってくる。

牛肉の名称

『広辞苑』はいわゆる「百科項目」を見出しにしているので、日常生活で遭遇する語を調べる場合に適していると考える。

ぎゅう-にく《ギウ》**【牛肉】** 食用としての牛の肉。ビーフ。〈日葡〉。子規、くだもの「二ケ月の学費が手に入ってーを食ひに行ったあとでは」

『広辞苑』ではこの見出し「ぎゅうにく」に図が附されており、いろいろな部位の名称が載せられている。

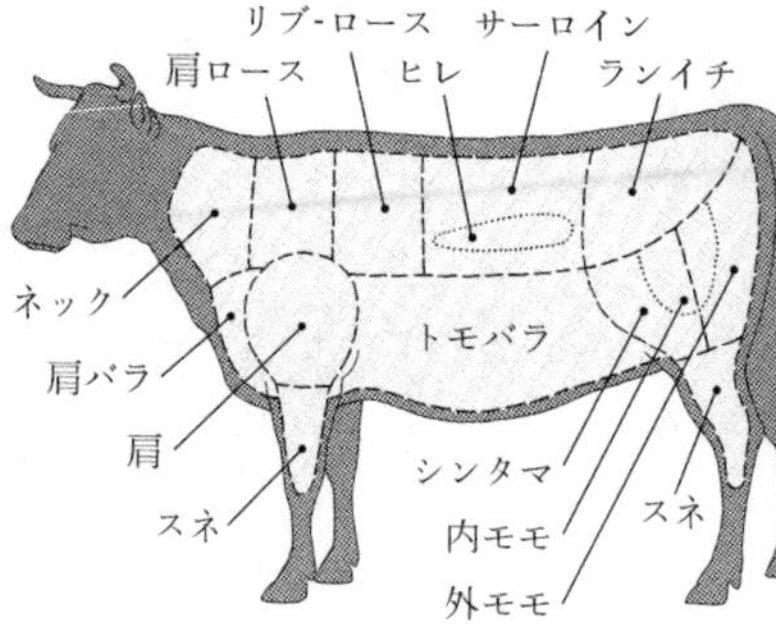

ぎゅうにく

しんたま 牛や豚の、ももの下に続く部位の肉。脂肪が少なく、やわらかい。

ともばら 「ばら肉」に同じ。中ばらと外ばらとを合わせていう。

サーロイン【sirloin】 牛肉のロース部位のうち腰部寄りの部分の肉。「ーステーキ」

リブ-ロース（rib roast）牛肉のロース部位のうち肩寄りの部分。霜降り状で柔らかい。ローストビーフ・ステーキなどに用いる。リブ。

ラン-イチ　牛の腰からももにかけての赤身肉。ランプ肉とイチボ肉とに分けられることからいう。

ランプ【rump】牛肉の部位のうち、尻の部分。

イチボ（aitchbone から）牛の尻骨の部分の肉。

はら-み【腹身】魚の身の、腹側の脂の多い部分。また、焼肉料理で横隔膜の部分の肉。

最近はデパートやスーパーマーケットなどでも、「イチボ」や「ランプ」「ハラミ」といった名前をちゃんと付けて、部位別に牛肉が売られている。それだけ牛肉を食べることが盛んになってきたということだろうか。ちなみにいえば『大辞泉』『大辞林』ともに「しんたま」は見出しにしていない。

垣根の種類

いけ-がき【生垣・生籬】樹木を植えならべて造った垣。

いばら‐がき【茨垣】カラタチ・バラなど、とげのある木で作った生け垣。

うぐいす‐がき ウグヒス：【鶯垣】クロモジの木で編み目をこまかに作った柴垣。茶室の庭に珍重。

うのはな‐がき【卯の花垣】ウツギの生垣。

かなめ‐がき【要垣】カナメモチを植えたいけがき。

くるま‐がき【車垣】茶席の庭などに設ける垣で、萩などを束ねて半円形の輪状にしたもの。

けんにんじ‐がき【建仁寺垣】竹垣の一種。四つ割竹を皮を外にして平たく縦に並べ、竹の押縁《おしぶち》を横にとりつけ、棕櫚《しゅろ》縄で結んだ垣。建仁寺で初めて造ったという。建仁寺。けんねんじ。

こうえつじ‐がき クワウ：【光悦寺垣】京都市北区鷹峰の光悦寺にある垣を原型とした竹垣。親柱・玉縁《たまぶち》を割竹で包み、玉縁の末端はななめに地面に接し、組子を菱形に組む。

こうらい‐がき カウ：【高麗垣】袖垣の一種。竹や葭《よし》を菱型に組んで藤づるで結び、縁を曲線に作る。多く手水鉢のうしろにつくる。高麗袖垣。

てっぽうそで‐がき ：パウ：【鉄砲袖垣】胴縁《どうぶち》の表裏から丸竹を二〜三本ずつしばりつけた袖

垣。鉄砲垣。

『新編教育唱歌集(第五集)』(一八九六年)に載せられている佐佐木信綱作詞、小山作之助作曲「夏は来ぬ」の一番の歌詞は「卯の花の匂う垣根に時鳥早も来鳴きて忍音もらす夏は来ぬ」であるが、「卯の花の匂う垣根」がまさしく「うのはながき」だ。ホトトギスが飛ばず、生け垣がめっきり少なくなった東京の都市部では、ホトトギスの鳴き声を聞くこともなければ、卯の花を目にすることもない。カラタチの生け垣がなくなれば、「カラタチの花が咲いた」風景も遠いものになっていく。「垣根の種類」は日常生活とのつながりではなく、過去の景

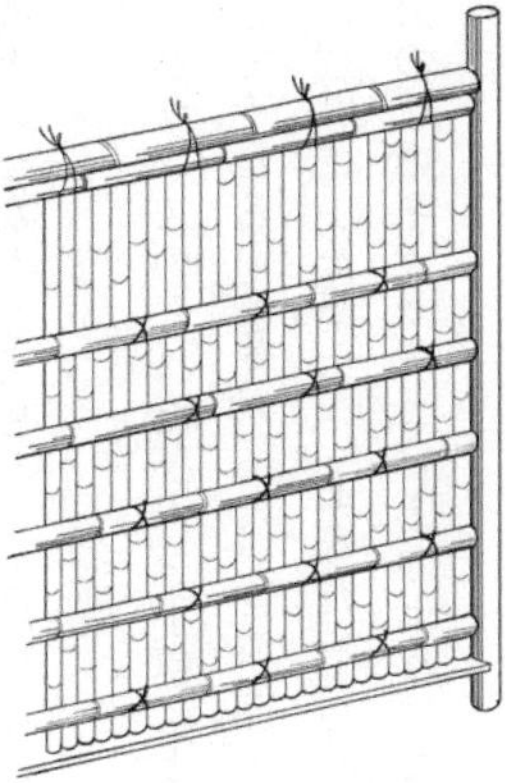

けんにんじがき

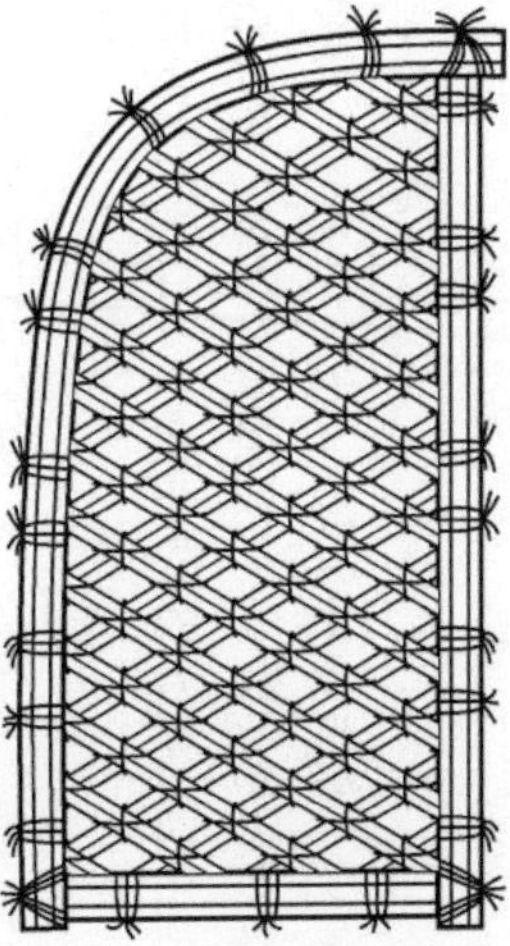

こうらいがき

観とのつながりを思わせる項目になりつつあるのかもしれない。

バランスのとれた辞書を丁寧によむことによって、自身のかたよりがちな言語生活を補正してくれる可能性がある。まだ開いていない方角に新たな窓を開いてくれるかもしれない。『広辞苑』を読んで、あなたも言語生活を豊かにしませんか？　章のまとめが、なんだか、芸のないキャッチコピーのようになってしまった(笑)。

第六章　さまざまな『広辞苑』

——検索機能と辞書

1 『逆引き広辞苑』

谷川俊太郎『ことばあそびうた』から

詩人の谷川俊太郎は「広辞苑大学」の講演で、『ことばあそびうた』(一九七三年、福音館書店、瀬川康男絵)に収められている「かっぱ」という作品を採りあげている。

かっぱ

かっぱかっぱらった
かっぱらっぱかっぱらった
とってちってた

かっぱなっぱかった

かっぱなっぱいっぱかった
かってきってくった

昭和四十六(一九七一)年には『うつむく青年』(山梨シルクセンター出版部)が出版されているが、これが筆者が初めて買った谷川俊太郎の詩集だった。右の「かっぱ」という作品では、「カッパ(河童)」「ナッパ(菜っ葉)」「イッパ(一把)」と(こうやって説明すると身も蓋もないが)「〜促音＋パ」で終わる語を集めて組み合わせてある。また「トッテ」「チッテ」「カッテ」「キッテ」のように「〜促音＋テ」のかたちを含む語句も使われている。これはいわば尾韻を揃えるといった体《てい》であるが、「カッ」から始まる語「カッパ」「カッタ」も使う。これは頭韻を揃えるといった体であることになる。

日本の詩、短歌、俳句は定型ではあるが、韻をふまない。つまり、発音面からの表現はあまり使われないということだ。「かっぱ」は、促音が真ん中に位置する三拍をいわば単位として組み立てられており、作品全体が「音の空間」になっている。谷川俊太郎は「広辞苑大学」の講演で次のように述べている。

『ことばあそびうた』は、日本語の音の面白さ、豊かさを現代詩にとり入れたいと考えたんです。雑誌連載だったから、月に一つずつ作るんですが、これがもうすごく時間がかかる。紙とかノートに、ぱで終わる言葉を探して、組み合わせて。そのうち、逆引き辞典が出て、語尾音索引ができるようになったんだけど、それが出てきたら自分で考えないで済むからつまんなくなったんですね。(https://kojien-univ.jp/archive/74/)

右には「語尾音索引」という表現が使われている。『日本語尾音索引―現代語篇―』が笠間書院から出版されたのが昭和五十三(一九七八)年で、「古語篇」が出版されたのが翌昭和五十四年だったので、『ことばあそびうた』はそれよりも五年ぐらい前の出版ということになる。平成四(一九九二)年には『逆引き広辞苑』(岩波書店)が出版される(「第五版対応」が平成十一年に刊行されている)。

「逆引き」は一般的にはなじみがないだろう。最近は「昇順」「降順」という表現が、データベースの検索結果の表示に関して使われるようになっている。

しょう‐じゅん【昇順】 数の小から大に進む順序。正順。↕降順

こう-じゅん《カウ》【降順】数の大から小に進む順序。↕昇順

一般的な国語辞書は五十音の「昇順」で見出しを排列している。つまり「ア」から始まる語から並べていく。「逆引き辞書」は「ア」で終わる語、「アア」で終わる語、「アイ」で終わる語、「イイ」で終わる語というように見出しを排列する。

「ことばの小宇宙」を別の角度からみる

『逆引き広辞苑』の「はじめに」には次のように記されている。

> 本書の排列法は、やはり五十音順ではあるが、見出し仮名を逆順に、すなわち後方から読んだ場合の、という但し書きが付く。本書は、特定の具体的な言葉について情報を得るのではなく、むしろ、言葉それ自体を見付け出すための辞典である。

こうした、見出し語を綴り字の後方から見た順に並べた辞書は、欧米の言語や中国語については少なくないという。それは一つに、それらの言語による表現（特に、詩）が脚韻を踏ん

でなされることが多いため、韻を同じくする語を検索する必要があることに因る。日本では脚韻という方法が詩歌においてもさほど重視されなかったためか、詩作のための逆綴り辞典はごく少数の例外を除いては知られていない。

英語、中国語の逆引き辞書は、いくつか出版されている。中国語ということでいえば、『佩文韻府』が同じ韻の字をもつ熟語を探し出すための辞書といったおもむきをもつ。『広辞苑』は『佩文韻府』について次のように説明している。

> **はいぶんいんぷ**‥ヰ‥ン【佩文韻府】中国の韻書的類書。清の康熙帝の勅命によって、張玉書・陳廷敬らが編纂。一〇六巻・韻府拾遺一〇六巻。一七一一年(拾遺は二〇年)成る。二字・三字・四字の熟語を末字の属する韻(一〇六韻)により配列し出典を記すが、語義は記さない。詩を作ったり、言葉の出典を調べたりする際の参考書。佩文は康熙帝の書斎名。

逆引き辞書が編集され、出版されるまで、谷川俊太郎は自分で語を集めていた。しかし、逆引き辞書ができると、「つまんなくなった」。ことばで遊ぶのは案外難しい。谷川俊太郎の言説には他にも注目点がある。

『逆引き広辞苑』は『広辞苑』という「ことばの小宇宙」をちょっと変わった「みかた」をするための「またメがね（股眼鏡）」（＝上体をかがめて、開いた股の間に景色が見えるようにすること。またのぞき）のようなものといえよう。違った方向からみることによって、ことばは違う相貌をみせ、「ことばの小宇宙」も違った表情をみせる。

「逆引き辞書」は実用的なものではない。だから、「そんなもの、どう使うのだ」とか「使い方がわからない」とか「何のために使うのだ」という疑問がわいてくることも自然かもしれない。しかし、そう思ったら、まずは自分で使ってみるのがよいだろう。「言語のおもしろさ」を感じるのは自分自身なのだから、使ってみるしかない。自分自身が使ってみて、言語のおもしろさ、奥深さを実感できるのであれば、「誰が何のために作ったか」ということはもはや問う必要もない。

うたうだ

伊東忠太は春蚓秋蛇《しゅんいんしゅうだ》

大島蓼太は封豕《ほうし》長蛇《ちょうだ》
イブンバツータ、ヘンルーダ
幸田の殴打は忍ぶの惣太
遊惰な空太《くうた》、強打で猛打
端唄　侘歌　童歌《わらべうた》
思国歌《くにしのびうた》で涙が滂沱
柔懦で怯懦なバラクーダ

駄作は言うまでもないので、それはもう措くとして、『逆引き広辞苑』の「うた」などの箇所(六〇一〜六〇二頁)を使ってつくってみた。「空太《くうた》」は人名のつもりであるが、これは『広辞苑』には載せられていない。あとは『広辞苑』の見出しになっている。

『逆引き広辞苑』は紙媒体であるが、次はひろい意味合いでの「電子版」について採りあげることにしよう。

2　モバイル版

いつでもどこでも

岩波書店のホームページでは「モバイル版」について次のように説明している。

スマートフォン・ケータイ、タブレットでも『広辞苑 第七版』をお使いいただけます。いつでも、どこでも、知らない言葉の意味をその場ですぐ知りたいという人に、ぴったりのサービスです。月額利用料一〇〇円（税別）。単語検索に加え、ジャンル別の検索、慣用句の検索、漢字など、いろいろな検索方法をご利用頂けます。

筆者もこの「モバイル版」を使っているが、検索は、大きく「単語検索」「ジャンル検索」「慣用句検索」に分かれている。「単語検索」では「前方一致」「完全一致」「後方一致」検索ができる。「ジャンル検索」では「人名」「地名」「作品名」「季語」が検索でき、「慣用句検索」では『広辞苑』に収録されている約七四〇〇の慣用句に絞った検索をすることができる。

例えば「単語検索」の「前方一致」で「れも」と入力して検索すると「レモネード」「レモン」「レモンイエロー」「レモングラス」「レモンすい」「レモンスカッシュ」「レモンそう」「レモンティー」「レモンゆ」九件のヒットがある。

「完全一致」で「れも」と入力して検索すると「該当する単語がありませんでした」と表示される。「後方一致」で「れも」と入力して検索すると「いずれも」「サンレモ」「ながれも」「ゆれも」四件のヒットがある。検索にはさほど時間はかからない。

「ジャンル検索」は少し検索方法が異なる。例えば「人名」を選ぶと、「日本」「中国・朝鮮」「ヨーロッパ・北アメリカ」「インド・アフリカなど」と四つの「区分」があり、それを選択するようになっている。「日本」を選ぶと、五十音が表示され、そこで「め」を選ぶと「めいくう(明空)」「めいじてんのう(明治天皇)」「めいしょうてんのう(明正天皇)」「めどりのおおきみ(女鳥王)」「めんざんずいほう(面山瑞方)」五件のヒットがあるという形式の検索になっている。

そんなことはないかもしれないが、「メ」から始まる世界の人名を調べてみたい(何のために?)という場合には「メイエルホリド」は「ヨーロッパ・北アメリカ」を選んでいないとヒットしないし、「メフメトアーキフ」は「インド・アフリカなど」を選んでいないとヒットしないということになる。ただし、「単語検索」の「前方一致」で「メフメト」を入力して検索すれば、「メフメト」「メフメトアーキフ」ともにヒットするので、「単語検索」で検索すればよいともいえよう。

「ジャンル検索」の「地名」も「日本(全国)」から「九州地方」まで、「アジア」「ヨーロッパ」「アフリカ」「アメリカ」「オセアニア・南極」でさらに検索範囲を絞ることもでき、それとは別に「自然、公園、観光地」「国名、都市名」「歴史的地名」「その他」という区分もある。例えば「自然、公園、観光地」を選ぶと、やはり五十音が示されるので、そこで「り」を選ぶと「リヴィエラ」「リオグランデ」「六義園」「陸中海岸国立公園」「リグリア海」「りざん(驪山)」「りしり(利尻)」「りしりざん(利尻山)」「りしりれぶんサロベツ国立公園」「りつりんこうえん(栗林公園)」など二十四件がヒットする。

つまりこれは、(そんなクイズはないだろうが)「「り」から始まる公園・観光地を思いつくだけあげなさい」というクイズの答えを探すような検索である。またもや「何のために?」という疑問がわいてこないではない。しかし、「ことばは狭義のコミュニケーションのためにあるわけではない」を「合い言葉」に「ことばで遊ぶ」つもりになれば、案外楽しい。

「だからどうした?」には「だからどうした?」

「ジャンル検索」で「作品名」を選ぶと、「日本」「中国・インドなど」「その他の外国作品」という「区分」があり、それとは別に「文学」「芸能」「能・狂言」「歌舞伎・浄瑠璃」「音楽・舞踊」「映画・演劇」「美術」「宗教書」「歴史・思想・学術・記録」という「区分」がある。「歌舞伎・浄瑠璃」を選ぶと、やはり五十音が示されるので、例えばそこで「そ」を選ぶ。すると「ぞうひき(象引)」「ぞうりうち(草履打)」「そがかいけいざん(曽我会稽山)」「そがのたいめん(曽我の対面)」「そがもようたてしのごしょぞめ(曽我綉侠御所染)」「そではぎさいもん(袖萩祭文)」「そねざきしんじゅう(曽根崎心中)」「そめもよういもせのかどまつ(染模様妹背門松)」の八件がヒットする。

例えば「ぞうりうち(草履打)」を『広辞苑』は次のように説明している。したがって、「ぞうりうち」は厳密にいえば、「作品名」ではないともいえるが、歌舞伎で「ぞうりうち」といえば、「ああ么れだな」とわかることからすれば、ほとんど作品名のようなもので、そのあたり、見出し選択においてほどよい「判断」がなされていることが、こうした検索結果によってもわかる。

ぞうり‐うち《ザウ》【草履打】浄瑠璃「加賀見山旧錦絵《かがみやまこきょうのにしきえ》」六段目の有名な場。局《つぼね》岩藤が中老尾上を草履で打擲《ちょうちゃく》する。後に歌舞伎化。

「ジャンル検索」で「季語」を選ぶと「春」「夏」「秋」「冬」「新年」と「区分」があり、それとは別に「時候・天文・気象・地形」「行事・祭事・習俗・俗信」「衣食住」「人事（遊び・病気など）」「農耕・狩猟・漁労など」「植物」「動物」と分かれている。例えば「農耕・狩猟・漁労など」を選び、「ほ」を選ぶ。すると「ほうさく（豊作）」「ほうねん（豊年）」「ほうよう（放鷹）」「ほぐし（火串）」「ほげい（捕鯨）」「ほげいせん（捕鯨船）」「ほしくさ（乾草・干草）」「ほしだいこん（乾大根・干大根）」「ほしな（乾菜・干菜）」「ほしわらび（乾蕨・干蕨）」の十件がヒットする。調べてみると「ほげい（捕鯨）」は冬の季語だった。

「慣用句検索」は「慣用句のなかの言葉（名詞、動詞・形容詞）から検索」する形式になっている。「動詞・形容詞などの活用語は、慣用句中の活用形にかかわりなく、終止形で入力」することになっている。例えば「あるく」を検索すると次の四件の慣用句がヒットした。

犬も歩けば棒に当たる

限りある位
立てば芍薬座れば牡丹歩く姿は百合の花
鶏は三歩歩くと忘れる
○限りある位　許される範囲での最高の位。源氏物語（若菜下）「限りある御位を得たまへれど」
○鶏は三歩歩くと忘れる　すぐに物忘れする人をからかっていう言葉。

「限りある位」は見出し「かぎり」の、「鶏は三歩歩くと忘れる」は見出し「にわとり」の成句や慣用句が項目になったものだ。そしてまた「あるく」の検索で「かぎりあるくらい」がヒットしたのは、仮名文字列「あるく」が含まれているからだ。「歩く」で検索をすれば、「限りある位」はヒットしなくなる。

日本語母語話者といっても、基本的には日本語によって日常生活をしているというところが言語使用の基底だ。だから、日本語を隅から隅までずずいっとわかっているとは限らない。またここまで述べてきたような「検索」はヒトの言語使用や言語認知と少し違う面を少なからず含む。「限りある位」に「アルク」という音連続が含まれているということは、直感的にはわかりにくい。そう述べると「そんなことがわかったからなんだ？」とか「だからどうした？」ということになりそうだが、「だからどうした？」には不作法に「だからどうした？」と鸚鵡《おうむ》返ししたらどうだろうか。「おもしろいのだからいいじゃないか。理屈はいらない」と。そう考えると、月額一〇〇円で、『広辞苑』と戯れる、「いいじゃないか」と思う。もちろん「真面目に使う」ことはできるのだから、いつも『広辞苑』を持ち歩いているようなものだ。心強いこと限りなし。「心強いこと限りなし」には「良い子」が隠れている。

3　ロゴヴィスタ版

充実の検索機能

筆者はDVD-ROM版をパソコンにインストールして使っているが、ダウンロード版もあり、iPhone、iPad、Android版もある。携帯端末でも、デスクでも使えるということだ。

検索機能は充実している。まず、「前方一致」「後方一致」「完全一致」「部分一致」「慣用句」を選び、文字列を検索することができる。これがいわば基本検索にあたるだろう。ただ、このカテゴリーの中に「慣用句」が入っているのが少しわかりにくい。

「分野」を選ぶこともできる。「分野」はモバイル版とちかく、「人名」「地名」「作品名」「季語」「慣用句」と分けられている。さきほどの「慣用句」とこちらの「慣用句」との関係はどうなっているのだろうか。「分野」では「すべての地域」「日本」「中国・朝鮮」「ヨーロッパ・北アメリカ」「インド・アフリカなど」を選択するようになっている。さらに「すべての時代」「紀元前」「一〜六世紀」「七〜八世紀」「九〜十世紀」、以下は「十一世紀」から「二十一世紀」までの各世紀を選ぶことができ、さらに「検索結果の頭出し」という欄で、五十音を単位として絞ることができる。

例えば「人名」「インド・アフリカなど」「り」「二十世紀」を選ぶと「リークワンユー」以下「リダー」「リベラ」「ルーマン」「ルムンバ」「ルルフォ」「レサマリマ」「ワンガンウー」八つの見出しがヒットする。「リークワンユー」をあげておこう（以下、本章中の引用はロゴヴィスタ版から行なう）。

リークワンユー【李光耀】（Lee Kuan Yew）シンガポールの政治家。一九五九年シンガポール自治政府首相となり、六五年マレーシアからの分離・独立を経て九〇年まで首相。

外資導入による工業化・社会開発を推進。リー＝クアンユー。（一九二三〜二〇一五）

また「用例」に検索をかけることもできる。例えば「貧乏」で「用例」に検索をかけると次のように十一件のヒットがあった。

あおち‐びんぼう《アフチ‥ボフ》【煽ち貧乏】扇であおぎ立てられるように、かせいでもかせいでも抜けられない貧乏。世間胸算用（五）「これかや―といふなるべし」

あじ【味】①飲食物が舌の味覚神経に触れた時におこる感覚。「うすい―」「塩―」「―をみる」②体験によって知った感じ。「貧乏の―を知る」（以下略）

うまれ‐つ・く【生まれ付く】《自五》生まれながら身にそなわる。徒然草「品かたちこそ―・きたらめ」。「貧乏性に―・く」

え‐ぞう《ヱザウ》【絵像】絵に描いた姿。画像。莫切自根金生木《きるなのねからかねのなるき》「貧乏神の―をととのへ」

きのみ‐きのまま【着の身着の儘】①着ている着物そのままで、取りかえないこと。きのまま。福田英子、妾の半生涯「幾日の間をか―に過しけん」②着ている着物のほか何も

持っていないこと。東海道中膝栗毛（初）「貧乏人の気散じさ、―」。（以下略）

たらし・い《接尾》名詞や形容詞語幹を受けて形容詞を作る。…のような感じがして、よくない。「嫌味―・い」「長っ―・い」「貧乏―・い」

つき-だ・す【突き出す】《他五》（中略）⑥縁を切る。梅暦「今においらがやうな貧乏人は―・すだらう」

どん-ぞこ【どん底】（ドンは接頭辞）一番下の底。物事の最悪・最低の状態。「貧乏の―」

はな-ざかり【花盛り】①花が盛んに咲くこと。また、その時節。《季春》。大唐西域記（長寛点）「卉木《くさき》滋栄《ハナサカリ》なり」②物事の頂点。さかん。世間胸算用（五）「食酒《けざけ》を呑むものは貧乏の―といふ事あり」。（以下略）

ほで-てんごう《ガウ》（「ほで」は腕をいやしめていう語）手さきのいたずら。悪ふざけ。ほてんごう。浄瑠璃、丹波与作待夜の小室節「それもいうたら止むにもせい、―の貧乏神」

り-かた【利方】利益のある方法。便利なやり方。浮世風呂（二）「手がかからねえで貧乏人にはいい―だ」

「古典から」の「文例」及び「現代語の作例」（「凡例」「編集方針」四）が「用例」にあたるこ

とがわかる。しかしこれは「用例」に関しての検索であるので、「用例」ではない箇所にある「貧乏」には検索がかかっていない。例えば、「稼ぐに追いつく貧乏なし」は見出し「かせぐ」の成句項目である。項目そのものに「貧乏」が含まれ、語釈にも「貧乏」がつかわれているが、これらは「用例」ではないのでさきほどの「用例検索」ではヒットしない。あるいはまた、見出し「オストロフスキー」の語釈中にあげられている「貧乏は罪ならず」は戯曲名であるので、これも「用例検索」ではヒットしない。

『広辞苑』にある「貧乏」をすべて拾い出そうとするならば、「全文検索」を選択して、「貧乏」を検索する必要がある。そうすると、一五二件のヒットがある。その中には「用例」十一例すべてが含まれている。この「全文検索」は非常に強力な検索機能である。これによって、『広辞苑』の「情報」をひろく引き出すことができる。

全文検索の楽しさ——夏目漱石は何回出てくるか

また、どこかから「そんなことがわかったからなんだ?」という声が聞こえてきそうだが、「漱石」を「全文検索」してみる。そうすると四一七件がヒットする。

アイス-クリーム【ice cream】 クリームなどの乳製品を主材料に、糖類・香料などを加え、かきまぜて空気を含ませながら凍らせた氷菓子。厚生労働省令では乳固形分一五《パーセント》（うち乳脂肪分八《パーセント》）以上のもの。《季 夏》。夏目漱石、それから「氷菓《アイスクリーム》がないときには氷水で我慢する」

右のように見出し「アイスクリーム」には夏目漱石『それから』から「文例」が採られている。語釈の説明には「厚生労働省令」が「アイスクリーム」をどのように規定しているかということが含まれている。それはつまり「現代のアイスクリーム」についての説明である。夏目漱石の『それから』は明治四十二（一九〇九）年に発表されている。そこでは漢字列「氷菓」に「アイスクリーム」という振仮名が施されている。筆者の表現を使って説明するならば、漱石は「アイスクリーム」という語に漢字列「氷菓」をあてた、ということになる。そのこと自体がいわば「文化史的なできごと」である。日本語にひきつけていえば「表記史的なできごと」といえるだろう。その「夏目漱石のアイスクリーム」はおそらく「乳固形分一五パーセント（うち乳脂肪分八パーセント）以上のもの」という厚生労働省令には合っていないだろう。しかし、「そういうことではない」ということだろう。

筆者などは単純に『広辞苑』はどのくらい夏目漱石を「文例」としているのだろうと思ってしまう。「全文検索」は、そうした筆者のしょうもない疑問に答えてくれる。

○足が重い（中略）②そこへ出向くのがいやである。行きたくない。夏目漱石、三四郎「三四郎は急に足が重くなつた」

あたたか【暖か・温か】（中略）④事を荒だてないさま。温厚であるさま。穏やか。浄瑠璃、生玉心中「銀も見ずに、—に請け取りをせうわいなあ」。夏目漱石、草枕「老人もかうあらはせば、豊かに、穏やかに、—に見える」（以下略）

○頭を下げる（中略）②相手に屈服する。降参する。夏目漱石、野分「金の力で、それ等の頭をさげさせ様とする」（以下略）

あま‐の‐じゃく【天邪久・天邪鬼】①昔話に出てくる悪者。人に逆らい、人の邪魔をする。天探女《あめのさぐめ》の系統を引くといわれるが、変形が多い。あまんじゃぐめ。〈壒嚢鈔（十）〉。夏目漱石、夢十夜「鶏《とり》の鳴く真似をしたものは天探女《あまのじやく》である」（以下略）

いい‐まえ《イヒマヘ》【言い前】（中略）②言い方。夏目漱石、明暗「よし嘘でないとした所で、単に口先の—と思はなければならなかツた」

い-づら・い《ヰ:》【居辛い】《形》そこにいることがためらわれる。その場にいたくない思いである。夏目漱石、永日小品「何となくこの都に―・い感じがした」

いなか-しんし《ヰナカ::》【田舎紳士】身なりは紳士のようでも、どこか洗練されていない人。田紳《でんしん》。夏目漱石、こゝろ「比較的上品な嗜好《しこう》を有《も》つた―だつたのです」

いやあ《感》驚いた時や恥ずかしい時などに、主に男性が発する声。いや。夏目漱石、虞美人草「―大変だ。橋が落ちさうだ」。（以下略）

いんしょく-てん【飲食店】客に調理した飲食物を供する店。夏目漱石、坊つちゃん「教師はなるべく―などに出入《しゆつにゆう》しない事にしたい」

う-かつ《::クワツ》【迂闊】①回り遠くて、実情にあわないこと。迂遠。夏目漱石、彼岸過迄「最も―の様で、最も簡便な又最も正当な方法で」②注意の足りないこと。うっかりしているさま。「―な話だが」「―にも忘れた」「―には手を出せない」③大まかで、のんびりしていること。夏目漱石、道草「今から金持になるのは―な彼に取つてもう遅かつた」。

〈日葡辞書〉

「三四郎」「草枕」「野分」「夢十夜」「明暗」「永日小品」「こゝろ」「虞美人草」「坊つちゃ

ん」「彼岸過迄」「道草」など、夏目漱石のさまざまな作品から「文例」が採用されていることがわかる。見出し「うかつ（迂闊）」は語義を①②③、三つに分けて記述しているが、①では「彼岸過迄」、③では「道草」が「文例」として採られている。ちなみにいえば、③の末尾に「〈日葡辞書〉」とあることがいささかわかりにくいように思う。

見出し「エッフェル塔」もヒットしていたので驚いたが、次のように記されていた。

エッフェル-とうフ：タ【エッフェル塔】パリのセーヌ河畔、シャン-ド-マルスの広場に立つ高さ約三二〇《メートル》の鉄塔。一八八九年万国博覧会の際、フランス人技師エッフェル（Gustave Eiffel 一八三二〜一九二三）が設計し、建設。夏目漱石、書簡「名高キ『エフエル』塔ノ上ニ登リテ四方ヲ見渡シ申候」→パリ（図）

書簡の例をあげているのだった。しかも漱石は書簡には「エフエル塔」と記している。さまざまな語形を一つの見出しに結びつけることは何ら問題ない（と筆者は考える）のでいいのだが、漱石に使用例があればなるべくそれをあげるというような「気分」を感じる。

対照のために「芥川竜之介」、「川端康成」、「森鴎外」（「鷗外」）を「全文検索」「前方一致」

で検索してみよう。「芥川竜之介」は四十四件のヒットがあり、その中に次に掲げるような「文例」が二十七件含まれている。「川端康成」は十件ヒットするが、「文例」としてのヒットはない。これは川端康成の没年と関わっていると思われる。「森鴎外」で検索をしてもヒットがない。「森鷗外」の場合「鷗」字が電子的に表示されず、検索は「森鴎外」でした。あるいはそのためかもしれないが、電子的な検索は、まず検索する文字列が安定的に「情報交換」できることが前提となっており、検索しやすい語(文字)と、(現時点ではといっておくが)必ずしも検索しやすくはない語(文字)とがあることはたしかだ。芥川の場合、「芥川龍之介」ではヒットがないのも同じような事情だろうか。

おおき-に《オホキ:》【大きに】《副》(室町時代以後の語。文語「おほきなり」の連用形から)①非常に。大いに。芥川竜之介、戯作三昧「焚書坑儒が昔だけあつたと思ふと、ー違ひます」(以下略)

おそる-おそる【恐る恐る】《副》①おそれかしこまって。芥川竜之介、三右衛門の罪「ー御前へ伺候した」(以下略)

夏目漱石の四一七件は、芥川龍之介の二十七件を一方に置くと突出してみえる。夏目漱石の「文例」を多くあげていることを『広辞苑』の「特徴」ということには「慎重」でありたいが、「そうなんだ」ということとしてはおもしろいのではないだろうか。

すでに「紙媒体の辞書がいいか電子的な辞書がいいか」という問い自体が意義を失いつつあるように感じる。両者は比べるようなものではないと思うようになった。本章で述べてきたことでわかるように、電子的な辞書は「検索」といわばセットになっている。さまざまな「検索」をすることで、辞書からさまざまな「情報」を引き出すことができる。どんな「情報」を引き出すかは、使用者によって異なるだろう。いろいろなかたちで「検索」ができるということの意義は大きい。「検索」によって、辞書がもっている「情報」がさらに動き出すという感じ、もしくはさらに語り始めるという感じだろうか。

しかしそれはやはり「この語」について検索するとか、こういうことについて「検索」するという「問いかけ」を起点としている。「問いかけ」には当然「答え」がかえってくる。「答え」から新たな問いが発生することもあるので、「検索」は一回性の行為ではない。しかし、一回性の行為になってしまうこともある。「検索」をしてみた。ヒットしない。だめか。で終わるのが一回性の行為だ。あるいは「検索」をしてみた。ヒットした。よしよし。も、一回性の行為だ。しかし、紙媒体すなわち書物の形態をしている辞書は、そこに「情報」が集積しているということを「姿」として示している。結局は紙媒体の辞書は書物であるとみることができるのではないか。

『逆引き広辞苑』と電子媒体について述べてきた。最後に、『広辞苑』にとどまらず、「来たるべき辞書」へのささやかな提言として、辞書の媒体と人文知について考えを述べたい。

4　辞書と人文知

インターネット版は辞書の何を変えたか

『広辞苑』の電子版には「検索機能」が附加されている。「検索機能」は「本文」の「情報」を引き出すために有効であることが多い。その点では確実に違いがある。しかし、電子版は(常識的には)紙に印刷されている版と「同じもの」であるはずだ。そうであれば、紙に印刷されている版と電子版とは、出力形態が異なるだけで、「本文」については「同じ」ということになる。

すると、「紙媒体がいいか電子版がいいか」という議論は、議論というよりも「好み」にちかくなりそうだ。比べるべきは「紙媒体」と「電子版」ではなく、(便宜的に「版」という表現を使っておくが)「インターネット版」と「非インターネット版」であろう。この場合の「インターネット版」は「情報の加除訂正が(比較的)自由にできる」という含みをもつ。辞書においては「日々姿を変え、開かれているインターネット版」と「閉じている非インターネット版」とが二つの「極」であることになる。

第三章で取り上げた中型辞書のうち『大辞泉』を例にして、現在の辞書がどのように展開しているかを具体的に説明してみよう。書籍版の『大辞泉』第二版は約二十五万項目を収め、平成二十四(二〇一二)年に刊行された。平成二十七年まで付属のDVD-ROMを無償でアップデートし、約二十八万語を収めるに至っている。

その一方で、電子辞書、iOS・Android・Windowsアプリ、ウェブ辞書サイト(ジャパンナレッジ、コトバンク、gooなど)、Kindle(電子書籍リーダー)で「デジタル大辞泉」を展開している。こちらは年三回更新(ジャパンナレッジは年一回更新)している。さらに、固有名詞に特化し約十一万語を収める「デジタル大辞泉プラス」もある。

「デジタル大辞泉」も「デジタル大辞泉プラス」もジャパンナレッジのコンテンツとして提供されている。ジャパンナレッジのホームページでは「デジタル大辞泉プラス」について、次のように説明している。

正統派国語辞典ではなかなかカバーしきれなかった「固有名詞」の世界を大胆にフォロー。人名、企業名、商品名やサービス名、小説・映画・漫画などの作品名……、さらには「道の駅」やレジャーランドなどの施設名、そして人気アニメのキャラクター名などなど、いま話題の項目をどしどし収録していきます。

重要なポイントのみに絞り込んだシンプルな解説文だから、ネット上の他の巨大百科事典では読むのがひと苦労だった項目も、すばやくチェックできます。年一回の定期更新で、知りたかったあんな言葉、知らなかったこんな言葉がふくらんでいきます。

「ことばは世界をのぞく窓」という表現を使っていえば、「世界」は生物としてのヒトがふれる「自然科学的な外界」と「言語生活がとらえる精神世界」だ。後者を「外界」に対して「内界」と呼ぶとわかりやすいかもしれない。

固有名詞ということでいえば、「外界」も「内界」も固有名詞が標識のようにたっている、ともいえる。その標識＝固有名詞の周囲にその固有名詞を軸とした「世界」がひろがっている。少し前に、筆者の勤務先の若手が同僚と「アベンジャーズ」について話していた。このように記すと、筆者が「アベンジャーズ」を知っていたかのような書きぶりになってしまうが、(恥ずかしながら、と言っておくが)筆者はその時に初めて「アベンジャーズ」という語を認識した。「知らない話だ」と思ったので、帰宅してからこっそり調べてみたが、若手と同僚の話はかなり盛り上がっていたので、知っている人はそうなのだろう。

「ポケットモンスター」だってそうだ。「ポケモン」なら「あああれか」ぐらいはわかるが、それ以上はわからない。教え子からは、よくわかっていないのだから「ポケモン」の話はしてはいけないと釘を刺されている。つまり筆者にとっては「アベンジャーズ」も「ポケモン」も「世界」を形成していない。

「デジタル大辞泉」は「アベンジャーズ」も「ポケットモンスター」も「ポケモン」も見出しにしていないが、「デジタル大辞泉プラス」はすべて見出しにしている。『大辞林』には「デュアル大辞林」という電子版があるが、これには書籍版にはない見出しがある。「アベンジャーズ」は「デュアル大辞林」も見出しにしていないが、「ポケモン」「ポケットモンスター」は見出しになっている。

ポケットモンスター〔Pocket Monster〕→ポケモン

ポケモン 任天堂の携帯用ゲーム機、ゲームボーイ用ソフト「ポケットモンスター」の略称。また、それに登場する「ポケットモンスター」とよばれるキャラクターの総称。

『広辞苑』は「アベンジャーズ」「ポケットモンスター」「ポケモン」いずれも見出しにしていない。そうすると、すべて見出しにしている「デジタル大辞泉プラス」、すべて見出しにしていない『広辞苑』『大辞林』『大辞泉』、「アベンジャーズ」以外を見出しにしている「デュアル大辞林」と分かれる。結局、どこが「分かれ道」かといえば、インターネット版であるかどうか、だ。

「デジタル大辞泉プラス」のようなものをインターネット版として「別置」すれば、「辞書本体」は固有名詞をどうするかということで悩む必要がなくなる。また紙媒体の辞書が刊行されてから三年間は「デジタル版」を無償でアップデートするということになれば、三年間は新しい「情報」が継続的に補強される。

また、第四章で採りあげた『日本国語大辞典』には「日国友の会」というものがあり、そのホームページには次のように記されている。

『日国友の会』では、日本国語大辞典第三版へ向け、未収録の用例・新項目を広く皆さまより募集しています。現行の例文より古い例などがありましたら、ぜひご投稿ください。

ご投稿いただいた用例・語釈・新項目は、編集部でお預かりし、「日国」への採否にかかわらず「投稿カード一覧」のコーナーでご紹介。意外な用例・語釈、興味深い新項目をお待ちしています。（中略）

私ども編集部は先生（徳川宗賢《むねまさ》氏のこと）のご遺志を受け継ぎ、二〇〇二年五月に「日国友の会」を開設いたしました。以来、熱心な会員の皆様に支えられて大きく成長したこの「友の会」を、日本語の歴史を裏付ける随一の場として、さらに発展させて参りたいと思います。

「友の会」では、インターネットを通じてご投稿いただいた用例を編集部が一度確認した上で公開しています。従来は個別に採集されてきた日本語の情報が、多くの方々に共有されることによって、より広い視野からとらえられるようになりました。この成果は実際の辞書作りにも反映されています。『精選版　日本国語大辞典』（全三巻）では三〇〇〇例近くを掲載させていただきましたが、是非、第三版へつなげていきたいと考えています。

右の記事によれば、『日本国語大辞典』第二版刊行後の平成十八(二〇〇六)年に刊行された『精選版 日本国語大辞典』に、「日国友の会」会員が投稿した「例」が三〇〇〇例載せられていることがわかる。「精選版」は『日本国語大辞典』第二版の「情報」を「精選」したものを想起させるが、そうではなくて、「第二版精選+三〇〇〇例」であったことになる。それはそれとするが、仮に「日国友の会」会員が投稿した用例が、編集部による確認を経た上で、どんどん加えられていったとしたら、『日本国語大辞典』のインターネット版は日々姿を変えていく辞書になる(「もしも」の話ですよ)。

「デジタル大辞泉プラス」の試みや、『日本国語辞典』に関する「もしも」の話も、「それでいい」と思う人もきっといるだろう。突き詰めると、「編集部」は投稿された「例」が確かであることを確認するだけの人、ということになる。もはや、そういう時代になっているのかもしれない。

「新語に強い」ことを謳う小型国語辞書もあるが、ここまでみてきたように「新語」ということをより徹底させるのであれば、今後はインターネット版によって実現するしかなくなっていきそうだ。十年に一度の改訂と、年一回あるいは年三回の改訂とでは「勝負」にならない。

『大辞泉』について先に述べたが、辞書の編集や改訂について一般化して述べれば、次のようないろいろな「やりかた」があることになる。

1　紙媒体の辞書とまったく同じ内容のものを電子的につくる。
2　紙媒体の辞書を何年間かごと電子的にバージョンアップしていく。
3　紙媒体の辞書をベースにして、それを「増強」した電子版（インターネット版）辞書をつくり、短い期間で改訂していく。
4　固有名詞など、特定の分野に限って、インターネット版を「別置」する。

右以外の「やりかた」も考えられる。もはや、「紙媒体の辞書と電子版の辞書とどちらが優れているか」という「問い」そのものが成り立たなくなってきたといってよい。実際的には、何らかのかたちで電子版（インターネット版）の辞書があることを前提にして、紙媒体の辞書をどう編集するかという時期になってきているのかもしれない。電子版(インターネット版)の辞書の「強み」は「情報の補強が行ないやすいこと」と「検索機能」だ。3と4とは今後の辞書のありかたの一つのヒントのように思われる。

「閉じている」辞書が知を支える

しかし、筆者は、辞書は「バランスのとれた言語宇宙」を形成することに意義があると考えている。

これまで、「日本語の語彙体系全体を「宇宙」にたとえるならば、辞書はその「宇宙」をバランスよく反映した「小宇宙」であることが理想ではないだろうか」と述べてきた。「バランスよく」を可能にするのが、「編集」で、しかもそれが複数の人によって行なわれることが望ましい。「バランスのとれた言語宇宙」「編集」は辞書を考えるにあたってのキーワードであろう。

「バランスのとれた」は何に対してかといえば、実際の「言語宇宙」を一冊の本の中に構築するにあたって、ということだ。一冊の本は紙媒体であってもいいし、そうでなくてもいい。しかし「一冊の本」だからそれは「閉じていなければならない」。紙媒体の辞書であれば、西暦何年何月何日に完結し、総ページ数が何ページの辞書として「閉じている」。電子版の辞書でもDVD-ROMのような形態であれば、西暦何年何月何日に完結したという、「完結」がはっきりとしたかたちで「閉じている」。いったん完結し、閉じているからこそ、「次」がある。

「バランスのとれた」ということは、「バランス」を判断し、ボリュームを調整している辞書編集者が存在するということだ。辞書編集者が実際の言語宇宙をつねに「バランスのとれた小宇宙」として辞書化できるとは限らないが、それはそれとする。辞書編集者は自身の「言語感覚」に基づいて、できるかぎり統一のとれた辞書を、与えられた分量のなかで編集しようとするはずだ。「統一のとれた」は「総合的になめらか」ということでもある。この「総合的になめらか」が大事ではないだろうか。

インターネット版の辞書はどんどん増補、補強していくことができる。極端にいえば、一週間ごとに辞書の「情報」に手を入れることだって、やろうと思えばできなくない。一週間前の辞書と「どこかが異なる辞書」がインターネット上にある。そうなった時には、紙媒体の辞書の「版」という概念は成り立たない。その辞書は第何版か？　いつ改版するのか？　こうした問いがすべて成り立たない。そしてまた、紙媒体の辞書が言語量に制限を受けているのに対して、インターネット上の辞書は制限を受けない。いっぽうで、一週間前にはたしかにアクセスできた見出しが一週間後にあとかたもなく消えているということがあった場合、「辞書情報」そのものがきわめて不安定になってしまう。「小宇宙」が破れて「外」のことばが流れ込み、バランスが崩れているイメージだ。

だから筆者は、「インターネット上の辞書」を手放しでいいとは思っていない。少なくとも現時点では思っていない。それは、辞書は「バランスのとれた言語宇宙」を形成する必要があると思っているからだ。現実の言語体系は誰も把握できていないといえばそうかもしれない。しかし、それを一つの「言語宇宙」として紙の上に形成する、それが辞書編集かもしれない、と思うようになった。辞書の編集者は、編集しながら自身が身を置く「言語宇宙」を感じ、辞書を使う人は、辞書を使うことによって、自身が身を置く「言語宇宙」を感じる、と表現したら情緒的過ぎるだろうか。

辞書がずっと書物という形態をとって編集し続けられているのは、それが表現する「言語宇宙」がヒトの思考や人文学的な知を支え、辞書によって、それらが展開できるからではないか。辞書は実用一辺倒のものではないだろうというのが現時点での筆者の考えだ。

第七章　『広辞苑』で遊ぶ

1 遊ぶ――『広辞苑』の「フカボリ」

本書は「『広辞苑』をよむ」をタイトルとしているが、「よむ」と「遊ぶ」はどこが違うかを考えてみよう。「遊ぶ」は一人で遊ぶということもあるが、だいたいは友達と遊ぶとか、オンラインゲームで誰かと遊ぶというように、自分以外の人がいる。「よむ」は基本的に一人でする行為だろう。そうすると「『広辞苑』で遊ぶ」ためには、『広辞苑』から外に出て、遊び相手を探す必要がある。『広辞苑』が見出しとしている語を起点として、他の「情報」とつながる、となればこれはもう立派な「遊び」といえるだろう。『広辞苑』の見出しをもとにして、夏休みの自由研究をやってみるとか(どんな? という声が聞こえてきそうで、そこはまず考えないといけないが、とにかくそういう自由研究ができれば、それは『広辞苑』を使った「遊び」だ)、『広辞苑』があげている使用例を拾い出してそれを全部含んだ「小説」を書くとか、それも立派な「遊び」だ。

本章では実際にある「たほいや」を初めとして、『広辞苑』をさらに楽しく使うということとについて述べてみたい。近時「フカボリ」という語を耳にすることが少なくない。もちろん〈深く掘る〉という語義であろうが、これまでであれば動詞「ホリサゲル」を使っていたようなところに使われているように感じる。ちなみにいえば『広辞苑』の見出しにはなっていない。この語を使うならば、『広辞苑』で遊ぶというのは、『広辞苑』を「深掘りする」ということでもあるだろう。

2　ゲーム「たほいや」

わかりにくい語構成の言葉遊び

たほい‐や【たほい屋】（静岡県で）遣小屋《やらいごや》に同じ。

やらい‐ごや《ヤラヒ：》【遣らい小屋】（和歌山県・奈良県などで）山畑を荒らす猪を追い立てるための番小屋。追小屋。

やらい《ヤラヒ》【遣らい】やらうこと。追い払うこと。また、そのもの。「鬼―」

やらう《ヤラフ》【遣らふ】〘他四〙（「やる」に接尾辞「ふ」の付いた語）追い払う。追い出す。記上「神《かむ》やらひ―・ひき」

「ヤラフ」を動詞「ヤル」の未然形「ヤラ」に「フ」が付いたものとみることは妥当であろう。その「フ」を「反復、継続の助動詞」(『日本国語大辞典』)とみるか、どうかというあたりにはいくつかの「みかた」がありそうだ。そのあたりには踏み込まないことにすれば、「ヤラフ(ヤラウ)」は〈追い払う〉という語義をもつ語という理解に落ち着く。

『広辞苑』は見出し「やらい」を「やらうこと。追い払うこと。また、そのもの」と説明している。「また、そのもの」はおそらく〈(何かを)追い払うための構造物〉という意味合いであろうが、少しわかりにくいのではないか。

「たほいや」は少し謎の語形だ。この語は「タホイヤ」と発音するのだろうが、語構成がすぐにはわからない。見出し「やらいごや」の語釈末尾に「追小屋」とあるが、そのあたりを勘案すると、「タオイヤ」(田追屋=〈田に設置された追屋〉)というような語形の変異形だろうか、などと思ったりもする。

とにかく「タホイヤ」という語はどんな語構成をしているかがすぐにはわかりにくく、したがって語義もわかりにくい。こういう語を使った「たほいや」という言葉遊びゲームが『広辞苑』第四版が出版された平成三(一九九一)年頃からあり、それが平成五年四月からフジテレビで放映された。「された」と書いたが、筆者は(不覚にも)この番組を見ていなかった。

筆者は『たほいや』(一九九三年、フジテレビ出版)という文庫サイズの本を所持しているが、この本にゲームとしての「たほいや」のことが詳しく記されている。奥付の「協力」には「岩波書店」「新村出記念財団」の名前も記されている。岩波書店公認の本ということになる。この本には「たほいや」的な『広辞苑』の見出しが三〇〇あげられている。

ゲームとしての「たほいや」では、『広辞苑』の語釈以外に、『広辞苑』ぽい語釈を考えて、どれが『広辞苑』の語釈であるかを当てる。

わだちべにおふめん

1　子供が突然いなくなること。
2　イチモンジセセリ科の蝶の一種。
3　能で使われる面のひとつ。
4　狂言のひとつ。
5　弧状列島の地下で、沈み込んだ海洋プレートの上部に沿って分布する震源を連ねた面。

実際に見出し「わだちべにおふめん（和達ベニオフ面）」を調べてみると、第七版では次のように記されている。第四版での語釈を並べてあげてみよう。異なる箇所に傍線を施したが、語釈も少しずつ書き換えられていることがわかる。

〔地〕弧状列島の地下で、海洋プレートの上部に沿って分布する震源を連ねた面。海溝から列島の背後の地下に向かって傾き下がる。震源が面状に分布することを明示した和達清夫と、この面が逆断層帯の面であろうと指摘したベニオフ（H. Benioff 一八九九～一九六八）とに因んで命名。深発地震面。和達面。

〔地〕弧状列島の地下で、沈み込んだ海洋プレートの上部に沿って分布する震源を連ねた面。海溝に始まり列島の背後の地下に向かって斜めに傾き下がる平面またはゆるやかな局面をなす。震源が面状に分布することを明示した和達清夫（一九〇二～）およびこの面が逆断層帯の面であろうと指摘したベニオフ（H. Benioff 一八九九～一九六八）の名に因んで命名。深発地震面。和達面。（第四版）

『広辞苑』ぽい語釈を並べて

さて、ゲーム「たほいや」に戻ると、『広辞苑』には右のように記されているのだから、正解は5ということになる。1〜4は「わだちべにおふめん」の「架空の語釈」ということになる。

細かく説明するのは「野暮の極み」であろうが、筆者がどう考えたかを述べてみよう。この「わだちべにおふめん」は語構成がきわめてわかりにくい。「ワダチ(轍)」という和語があるから、なんとなく「わだち」を切り離したくなる。そうすると「べにおふめん」が残ってしまう。「べにおふ」と「めん」とを分けたくなるが、「ベニオフ」は先に述べた「ハ行転呼音現象」後の現在とすると和語では存在しにくい語形になる。あるとすれば「ベニオウ」になっているはずだ。そこで和語ではない、と考えればよかったのだが、考えがまとまらなかった。「めん」は「面」だろうかとは思った。

4はまず『広辞苑』の語釈としてはなさそうだ。「狂言」の演目だとすれば、それを「狂言」と括ってしまうのはいかにも粗い。同様に3も粗い。1は「わだちべにおふめん」との対応がまったく見えず、これはあり得ないとまず感じる。それで結局、2かなとなんとなく思ったが、「めん」については考えてないことになる。こう考えを整理すれば、5しかないことになるが、そこがやはりクイズで、あれこれ考えているうちに、思考が乱れてくる。まあ、そこが面白いのだろう。

ゲーム「たほいや」でさらに遊ぶといった体になってきているが、例えばロゴヴィスタ版の「全文検索」欄に「狂言のひとつ」と入れて検索をかけてみるとヒットはない。つまり『広辞苑』には「狂言のひとつ」という語釈がない。もちろんゲームでロゴヴィスタ版を使うことはできないわけだが、『広辞苑』をよくよんでいれば、そういう語釈の書き方はしないということが(なんとなくにしても)感じられるかもしれない。

試みにロゴヴィスタ版の「全文検索」欄に「のひとつ」と入れて検索をかけると八件のヒットがある。その中には「阿呆の一つ覚え」「馬鹿の一つ覚え」が入っている。また使用例としてあげられている文中に「のひとつ」が含まれているものもヒットしている。そうしたものを除くと語釈中に「〜のひとつ」という表現を使っているのは、次に掲げる「てりごまめ」と「ひほじょにん」の二項目のみであった。「のひとつ」で終わる語釈ということであれば、見出し「てりごまめ」のみ。実は『広辞苑』は「〜の一つ」という形式を基本的には採っており、「〜の一つ」で検索をすると七九七九件がヒットする。

「だからどうした?」と言われそうでもあるが、ゲームですからね。つまり、ロゴヴィスタ版の検索機能は、『広辞苑』のさまざまな「情報」を引き出してくれるとともに、それを使ってちょっと「遊ぶ」こともできる。

てり-ごまめ【照䱡】ごまめを煎り、砂糖・醬油・味醂を煮詰めた汁で煎りつけてつやを付けたもの。正月の祝肴のひとつ。

ひほじょ-にん【被補助人】〔法〕成年後見のひとつである補助に付せられている人。精神上の障害により事理弁識能力が不十分な場合に認定される。

ちょっと遊んでみましょうか。ロゴヴィスタ版の「後方一致」で「いや」を入れて検索すると、「いや」で終わる語がヒットします。それを組み合わせて詩のように仕立てると「なんちゃってことばあそびうた」ができます。

在野の爺やは定斎屋　ざいやのじいやはじょうさいや
スノータイヤは聖夜のダイヤ　すのおたいやはせいやのだいや
津軽平野は沖積平野　つがるへいやはちゅうせきへいや

嫌々やらされ、内野はもう嫌　　いやいややらされないやはもういや
二階屋は毎夜、熱帯夜　　にかいやはまいやねったいや
児雷也も嫌、モロヘイヤ　　じらいやもいやもろへいや

語の語尾側の発音が「イヤ」で揃っているので、「尾韻」を意識した「ことばあそびうた」ということになる。見出しを「五十音順」で排列している辞書が多いが、その「五十音順」は語頭から語尾に向かっての「五十音順」だ。語尾から語頭に向かっての「五十音順」が「逆引き」ということになる。

3　こんな語がありました！

クイズ！　見出しと語釈をむすびつけよう

さて、『広辞苑』をよんでいると次のような語が見出しになっていた。少しクイズ風にするために、すべて平仮名で表示してみよう。『広辞苑』の語釈を整理したものを下に示すので、見出しと語釈とを結びつけてみてほしい（回答は章末に）。ただし、語釈をみればわかっ

てしまうものもある（本書のなかで触れた語もある。さて、どれだったか？）。

1　こばさく
2　ころく
3　こんしろう
4　こんだめんこうてい
5　ごんど
6　さいあろん
7　たごまる
8　たまし
9　たまよ
10　だや
11　だりやみ
12　だんさんかじょ
13　つくほる

a　ツバメの古称。
b　メキシコの画家。
c　ケイ素・アルミニウム・酸素・窒素から成るセラミックス。
d　繊維塊から不純物を取り除くプロセスのこと。
e　厩舎のこと。
f　伐採跡地の畑に植えた苗木の間に農作物をつくること。
g　はきだめのこと。
h　青森県南部地方の郷土料理。
i　塊状の集合花となる花序。
j　着ている衣服などが丸まる。
k　領事のこと。
l　いとしい人が来る。

14　つつけ　　m　分け前。
15　つばびらこ　　n　晩酌。
o　語義未詳。衰える意か。

すべて説明することはできないので、いくつかの語について説明を加えてみよう。

「ああでもないこうでもない」

1 「こばさく」が「コバ(木場)」と「サク(作)」とに分かれることがわかれば、fかなと見当がつくが、『広辞苑』の見出し「こば」は次のように説明されている。

①山で伐った木を集めて置く山間の狭小な平地。仕事場・休み場などにも利用。馬場《まば》。馬止《まどめ》。②山間の農作地。焼畑をもいう。

①の語義から②の語義がうまれたとみるのが自然であろう。「コノハ(木葉)」もあれば「キノハ(木葉)」もあるが、『広辞苑』で「コ(木)」を調べると、「(「き(木)」の古形。他の

語に冠して複合語をつくる)」とある。「コバ(木場)」に対して「材木を貯えておく場所」という語義の「キバ(木場)」という語もあるが、「コバ」という語の成立がはやいということだ。自然の中で、木を伐採する、それを置いておく場所が「コバ」だ。そうした山間の平地に作物を作るようになると、それも「コバ」と呼ばれるようになる。

広島東洋カープを球団史上初のリーグ優勝、日本一に導いた監督は古葉《こば》竹識《たけし》さんだ。「竹識」という漢字列と「たけし」がなかなか結びつかなかったが、「コバ」を「古葉」と書くことも「ううむ」という感じだった。「コバ」という姓の中には右の語義をもつ「コバ(木場)」と結びついているものがあるのかもしれない、などと改めて思った。そういえば、広島カープには外木場《そとこば》義郎《よしろう》というピッチャーもいた。「コバ(木場)」に「ウチ(内)」「ソト(外)」があった、つまり里寄りの「ウチコバ(内木場)」と山寄りの「ソトコバ(外木場)」があったのではないか、などと「妄想」がひろがっていく。おそらく「妄想」であろうが、これもまた辞書をよむ楽しみといってもよいかもしれない。

2「ころく」は『広辞苑』も使用例としてあげているが、『万葉集』巻十四(三五二一番歌)に「烏とふ大をそ鳥のまさでにも来まさぬ君をころくとそ鳴く」(=烏という軽率な鳥が、本当はお出でにならないあなたなのに、コロク(自分から来る)と鳴くよ)と使われている。「コロク」はカラスの鳴き声をあらわしていると考えられている。つまりその「コロク」というカラスの鳴き声を「自来《ころく》」という（人間の）ことばに聞きなしてみせたところがおもしろい、ということだ。しかしまた、カラスの鳴き声と「掛けた」ことによって、何らかの無理をしている可能性もあるだろう。そういえば、蜂須賀小六（一五二六—一五八六）という人物がいたなあ。

『広辞苑』は3「こんしろう」について「（consul の訛。人名のように漢字を当てたもの。幕末から明治初年頃の語）領事のこと。魯文、安愚楽鍋「ゑぎりすの—」」と記し、見出しには「紺四郎」という漢字列を配している。ロゴヴィスタ版の「後方一致」検索で「しろう」を検索してみると、「天草四郎」「岩井半四郎」「尾崎士郎」「恩地孝四郎」「遠山金四郎」「長与善郎」「仁田四郎《にたんのしろう》」「本多猪四郎」「松浦武四郎」など、さまざまな「しろう」が見出しになっていることがわかる。おもしろいので他に「こんしろう」のような例がないかどうかを探してみたくなったら、「人名のように」をロゴヴィスタ版の「全文検索」で検索してみるとよい。そうすると、「こんしろう」以外に次の二つの見出しがみつかった。

きびすけ【気味助】気味のよい事を人名のようにいった語。他をはやし立てるのにいう。

（以下略）

げびすけ【下卑助】 意地きたない人やげびた人を人名のようにいう語。

7「たごまる」は「田子丸」、9「たまよ」は「珠代」とか「玉代」とかが思い浮かんでしまいそうだが、もちろんそういうことではない。『広辞苑』の語釈を示そう。

たごま・る《自五》(岩手・宮城県・北関東などで)からまる。着ている衣服などが丸まる。

タマヨ【Rufino Tamayo】 メキシコの画家。故国の民俗・文化を題材に、単純化された画面に超現実的なイメージを描いた。(一八九九〜一九九一)

ちなみにいえば『日本国語大辞典』は「たごまる」を見出しにしていない。『広辞苑』には「岩手・宮城県・北関東などで」とある。筆者の亡父は宮城県石巻市の出身で、母も仙台に住んでいたことがあった。「タゴマル」は筆者が家庭内で見聞きした語だ。例えば、長袖のシャツを着て、その上からまた長袖のセーターなどを着る。セーターを着る時に、下の長袖のシャツが引っ張られて、中でまくれあがってしまう。これが「たごまる」だ。あるいは、布団の上にシーツを敷き、タオルケット、毛布と重ねて寝ていて、朝起きた時に、タオルケットが足もとの方に丸まってしまっている。「タオルケットがたごまっていた」。これは筆者が回想する「タゴマル」なので、別の「タゴマル」はあるだろう。しかしとにかく、筆者にとっての「タゴマル」はそういう語だ。

9「たまよ」はいわば「引っかけ問題」であるが、「タマヨ」という音の連続を日本人の女性名と結びつけ、かつ漢字と結びつけたくなる。語構成を考えるというのは、一つの語にみえているまとまりがさらに小さな単位にならないかと考えるということであるが、その時に、「漢字との対応」が少し頭をよぎる。やはり「日本語について考える」ということには「漢字」が深くかかわっている。そういえば「正代」というしこ名の力士がいるなあと思いながら、「珠代」「玉代」と書いた。「正代」を最初に見た時は「まさよ？」と思って驚いたが、もちろんそんなはずはなく、これは「ショウダイ」というしこ名で、本名とのことだ。

10「だや(駄屋)」も「ああでもないこうでもない」でおもしろい。『広辞苑』の項目をまずあげておこう。

だ‐や【駄屋】(中国地方で) 厩舎《うまや》。

まず漢字「駄」は常用漢字表にも載せられており、「駄菓子」「駄作」「無駄」といった語の表記に使われ、「麒麟も老いては駄馬に劣る」などという格言もある。しかし、この「駄」は『康熙字典』に載せられていない。『康熙字典』に載せられているのは「駄」の形をした字で、『大漢和辞典』も「駄」を「駄の俗字」と説明している。しかし、現在ではこの「駄」字を電子的に表示することがかなり難しくなっている。これが「ちょび・ああでもないこうでもない」であるが、『広辞苑』は「だ(駄)」について次のように説明している。

だ【駄】(呉音)①馬に荷をのせて送ること。また、のせた荷物。②荷物を運ぶための馬。また、乗馬にならないよくない馬。大鏡道長「—一疋をたまはせよ」。「—馬」③馬一頭に負わすだけの重量。三六貫。日本の近世では本馬《ほんま》で四〇貫または三六貫を一駄の重さとする。④酒三斗五升入りの樽二樽の称。醤油や油では八升入りの樽八樽。⑤つまらないもの。粗悪なもの。「—洒落」

「ダバ(駄馬)」はもともと〈荷物を運ぶ馬〉だったはずで、それが乗馬用の馬との対比において、「よくない」という評価的な意味合いをうんだ。しかし、冷静に考えれば、乗馬用の馬も必要であるが、荷物運搬用の馬も必要なのだから、当初はそれほど「よくない」とか「つまらない」という意味合いは帯びていなかったのではないかと思う。しかしまあそこが人間の悲しいさがで、だんだんと評価的な意味合いが強くなっていく。「駄菓子」や「駄作」の「駄」はそうした意味合いの「駄」だ。

しかし、「ダヤ(駄屋)」の「ダ」はおそらくそうではなく、単に〈荷物を運ぶ馬〉という語義にみえる。〈荷馬の厩舎〉が「ダヤ」なのだろう。ちなみにいえば、『日本国語大辞典』にも見出し「だや」がある。

だや【駄屋】《名》中世の大和で、塩の運送・仲介業者。

こちらの「ヤ(屋)」は「ハナヤ(花屋)」の「ヤ」と同じで、〈業者〉をあらわす「ヤ」で、『広辞苑』でいえば、〈馬に荷をのせて送る〉という①の語義に基づく「ダヤ(駄屋)」である。

筆者がこの語に注目したのは、まず「ダヤ」の「ダ(駄)」は漢語(語基)、「ヤ(屋)」は和語(語基)であることで、「ダヤ(駄屋)」全体は「漢語+和語」の混種語ということになる。それが中国地方の現代方言としてである。漢語は中世頃から「はなしことば」の中でも使われるようになっていったと推測できるが、漢語がそのようにひろく使われるようになった結果、混種語が増えていったとみるのが自然であろう。「はなしことば」がすべて文献に足跡を残すとは限らないので、そうした混種語がどの程度あったかを知ることは容易ではない。しかし、中世頃に使われていた語が方言として残ることもある。「ダヤ（駄屋）」一語で、けっこう「ああでもないこうでもない」と楽しいものだ。

「語義未詳」――過去の日本語を未来へ

13 「つくほる」は次のように記されている。

つく‐ほ・る〘自四〙語義未詳。衰える意か。万五「やくやくにかたち―・り」

『万葉集』巻五に収められている長歌（九〇四番歌）に「しましくも良けくはなしにやくやくにかたちつくほり」と使われている。『日本国語大辞典』には次のように記されている。

つくほる〘動〙語義未詳。補注「万葉‐五・九〇四」の「漸（や）く漸くに容貌（かたち）久都保里（クヅホリ）〈作者未詳〉」の「久都保里」が、古写本に「都久保里」とあるのをそのまま認めたことによる語。現在は「久都保里」の誤写としている。↓くずおる（頽）

新日本古典文学大系『萬葉集　一』（一九九九年、岩波書店）も「「つ」の清濁、活用形、意味など依然疑問は残る」（五二六頁）と述べており、とにかくよくわからない語ということになっている。「そんな語も載せるんかいっ」と思う方もいるだろう。このあたりが、その辞書の「編集方針」と辞書の「使い手」との「かねあい」になってくる。

過去の日本語の記録、「日本語アーカイブ」といったことを考えると、文献にはっきりと足跡を残している語は見出しとして採用しておきたい。先に引用したように、もしかしたら誤写のためにそういう語形になっているかもしれない。これがはっきりと誤写であることがわかれば、もちろん見出しにはしないだろう。しかし、もしかしたら誤写ではないのかもしれない、となれば、将来この語について解明されることを期待して、「見出しにしておこう」という判断はあるだろう。

「ツクホル」の場合、足跡を残している文献が『万葉集』であるということがあるだろう。『万葉集』に使われている日本語はおおよそ八世紀頃の日本語とみてよい。それが和歌集というかたちでまとまってある。そしてまた、『万葉集』の日本語はずいぶんと解明できている。しかしその一方で、解明できていない点もある。「よくわからないから見出しにしないでおこう」はもちろんあり得る。同時に「『万葉集』で使われているから、現時点では「語義未詳」であるが、見出しにしておこう」もあり得る。

「ツクホル」一語で何かを発言することはもちろんできないが、『大辞泉』も『大辞林』も「つくほる」を見出しとしていない。さて『広辞苑』は「語義未詳」の語をどのくらい見出しにしているのだろうか。ロゴヴィスタ版の「全文検索」に「語義未詳」を入れて検索してみると、「つくほる」の他に次のような見出しがみつかった。

あまいアマヒ　語義未詳。はかない存命の間の意か。また、同じの意ともいう。記上「天つ神のみ子のみ命は木《こ》の花の―のみ坐《まい》さむ」

いな‐うしろ《枕》（語義未詳。「いなむしろ」に同じか）「かは」にかかる。万八「―川に向き立ち」

え‐ばやし【江林】語義未詳。入り江に近い林の意かともいう。万七「―に臥せる鹿猪《しし》やも」

そり-た・つ《自四》語義未詳。すっくと立つ、または、進んで立つ意かという。記上「天の浮橋に浮きじまり―・たして」

にお-て・る ：ニホ【鳰照る】《自四》語義未詳。「にほ」は「鳰の海」、「てる」は「照る」の意か。鎌倉時代以降、「鳰の海」すなわち琵琶湖を詠む歌に多く用いられる。一説に枕詞とする。続後撰秋「辛崎や―・る沖に雲消えて」。月清集「志賀の海の……―・る月を寄する白波」

はつ-お ：ヲ 語義未詳。その年初めて収穫した麻《あさ》（初麻）の繊維、鳥の尾の中でいちばん長い尾（極尾）など諸説ある。万一四「山鳥の尾ろの―に鏡掛け」

わわらば 品詞・語義未詳。そそけた葉の意、「わくらば」の誤読、また、「たわむばかりに」の意など諸説ある。万八「末《うれ》―に置ける白露」

「ニホテル」は「鎌倉時代以降」にみられる語であるが、その他の見出しは『古事記』もしくは『万葉集』を使用例としてあげている。先に述べたように、「語義未詳」であるが、『古事記』『万葉集』に使われていることを考え併せ、まずは見出しとして採用しようという「編集方針」であろう。それは「語義未詳」が将来解明されることを期待するという「編集方針」であり、過去の日本語を将来に引き継ぐという「編集方針」つまりは「心性」であるといえよう。「今、ここ」はもちろん大事であるが、「過去についてはどうでもいい」はずもなく、こうした「編集方針」は好ましいと感じる。

想像を広げて考える

15「つばびらこ」もすぐには語構成がみえてこない語であろう。直感的には「つば＋びらこ」と分けたくなりそうだ。その直感を信じて、ロゴヴィスタ版で「びらこ」に「後方一致」検索をかけてみる。すると、「つばびらこ」以外に次のような見出しがあることがわかる。

たびらこ

おに-たびらこ【鬼田平子】キク科の越年草。各地の路傍や庭に普通の雑草。タンポポに似た根生葉があり、茎は二〇〜八〇センチメートル。茎・葉とも紫褐色を帯び、毛が多い。春、黄色で小形の頭花がつぎつぎに咲く。

こおに-たびらこ【小鬼田平子】〔植〕タビラコに同じ。

たびらこ【田平子】キク科の越年草。畦《あぜ》などに多い雑草。

茎・葉からは白い汁が出る。早春に高さ約一〇センチメートルの花柄を出し、黄色の舌状花だけから成る頭花を開く。春の七草にいう「ほとけのざ」で、若葉を食用。カワラケナ。

「オニタビラコ」の学名は「*Youngia japonica*」、「コオニタビラコ」「タビラコ」の学名は「*Lapsana apogonoides Maxim*」であるので、両者は植物学的にはちかくないが、それはそれとする。

小学校の頃に理科の時間に「オニタビラコ」「コオニタビラコ」という名前と植物とを覚えたような気がするが、「タビラコ」がどういう語であるかが気になった。「タビラ・コ」なのか「タ・ビラコ」なのか、あるいは「タ・ビラ・コ」なのか。「ツバビラコ」が「ツバメの古称」であるならば、共通している「ツバ」が析出できそうだ。同時に「スズメ」「カモメ」など、最後に「メ」がつく鳥の名前がある。こうなるといよいよ「ツバメ」は「ツバ＋メ」という語構成でありそうだ。そうだとすれば、「ツバビラコ」は「ツバ＋ビラコ」と分かれることになる。「タビラコ」は「タ＋ビラコ」だ。「カワヒラコ／カワビラコ」という語がある。『日本国語大辞典』の記事とともにあげてみよう。

かわ-ひらこ カハ　蝶の古名。〈新撰字鏡八〉（『広辞苑』）

かわ-ひらこ かは**【蝶】**『名』（「かわびらこ」とも）「ちょう（蝶）」の古名。《季・春》＊新撰字鏡（898–901頃）「蝶　徒頬反　蝶字加波比良古」＊今昔（1120頃か）一〇・三四「髪を上げて簪には色々の瑠璃を以て蜍（かはひらこ）を造り、鳥を造て、其の荘（かざ）り言も不及ず」＊俳諧・俳諧歳時記（1803）上・二月「蝶（カハビラコ〈注〉テフ）和名加波比良古」（以下略）

「カワビラコ」は〈蝶の古名〉ということであるが、「カワビラコ」は「カワ＋ビラコ」と分けたくなる。川のあたりをヒラヒラ飛んでいるのが「カワビラコ」だとすると、田のあたりをヒラヒラ飛んでいるのが「タビラコ」ということになり、「じゃあツバは何？」ということになり、隅から隅まで分かるというわけにはいかない。タビラコの黄色い小さな花が田のあたり一面に咲いていると黄色い蝶々のように見えそうだ。〈ヒラヒラするもの〉が「ビラコ」？　などといろいろなことが想像される。これもまた辞書をよむ楽しみかもしれない。

本章は「『広辞苑』で遊ぶ」と名づけ、「遊び」や遊びめいたことについて述べてきた。まだまだいろいろな遊び方があるはずだ。みなさんも『広辞苑』を使うだけではなく、『広辞苑』で遊び、『広辞苑』を楽しんでください。『広辞苑』がさらに身近なものに感じられるはずです。

問題	1	2	3	4	5	6	7	8	9	10	11	12	13	14	15
答え	f	l	k	d	g	c	j	m	b	e	n	i	o	h	a

おわりに

「事実」と「みかた」

『広辞苑』の見出し「おうしゅうかいどう」「ごかいどう」には次のように記されている。

おうしゅう‐かいどう《アウシウ:ダウ》【奥州街道】五街道の一つ。江戸千住から奥州白河に至る街道。一般には陸奥三厩《みんまや》までの街道を指す。奥州道中。

ご‐かいどう《:ダウ》【五街道】江戸時代、江戸日本橋を起点とした五つの主要街道。東海道・中山《なかせん》道・日光街道・甲州街道・奥州街道の称。幕府の道中奉行が管轄。

例えば「江戸千住から奥州白河に至る」という箇所の「千住」が「草加」になっていたら、それは「事実」の誤認ということになる。「草加」は「千住」の次の宿場だ。白河以北の宿場をも含め、陸奥国の三厩までを「奥州街道」と呼ぶこともあることが説明からわかる。そのことをもって、「奥州街道は千住から三厩までだ」と主張する人がいるかもしれない。この場合は「そういう「みかた」もあるがその「みかた」は採らなかった」ということになる。

右では「事実」と「みかた」という語を使った。『広辞苑』は「事実」を「事の真実。真実の事柄。本当にあった事柄」と説明している。この説明の中には「真実」という語が使われている。「真実は一つだ」というようなことがよく言われる。テレビドラマで「僕は真実を知りたいだけなんだ」というセリフを耳にすることも少なくない。「真実」は簡単に「これが真実です」といえない場合もありそうだ。「事実」だってそうだ。

富士山の高さは客観的に記述できそうだ。『広辞苑』は「頂上には深さ二二〇《メートル》ほどの火口があり、火口壁上では剣ヶ峰が最も高く三七七六《メートル》」と説明している。国土交通省国土地理院のホームページには、二等三角点「富士山」の標高は三七七五・六三メートルであるが、「富士山の最高地点は、三角点の位置から北へ約十二mのところにある岩で、その標高をレベルにより正確に測ると三七七六・二m」であることが記されている。三七七五・六メートルも三七七六・二メートルも、四捨五入すれば三七七六メートルになる。しかし、「富士山の高さ」をメートル以下の単位まで表示することになれば、二等三角点の高さを「富士山の高さ」とするか、実際にもっとも高いところを「富士山の高さ」にするか、ということになる。それには「みかた」がかかわってくる。さらにいえば、二等三角点「富士山」の標高は平成二十六年四月一日付標高改定によって、三七七五・五一メートルとなっている。「富士山の高さ」という、直感的には「客観的な数値」にさえ「みかた」がかかわり、数値が変わることもある。「事実」は絶対的なもので「みかた」は解釈だという「みかた」もいろいろな「みかた」の一つに過ぎない。「事実」と「みかた」は隣り合わせともいえる。

『広辞苑』は百科事典的な項目をもつ。そのために「事実誤認」を指摘されることもある。実際に「事実誤認」であることもあるだろう。中型辞書としての『広辞苑』の情報量は相当なものだ。だからその中に「事実誤認」が(不幸にして)含まれることもあるかもしれない。七版も出版直後にそういうことがあった。そういう時に手厳しいコメントが出される。手厳しさは『広辞苑』がもっている信頼性の裏返しだろうと思う一方で、編集者も人間だからそういうこともあるのでは、と思いもする。「事実誤認」があったならば、訂正すればよい。

「歴史的事実」という表現がある。しかし、「歴史」は何らかの根拠資料に基づいて解釈され、記述されるものだ。いかなる「根拠資料」に基づくか、その「根拠資料」をどう読み解くか、というステップがある。そのステップごとに、記述者の「判断」がかかわる。「根拠資料」が異なれば、当然「判断」も変わってくる。諸説併記という記述のしかたもあるだろうが、紙幅が限られていればなかなかそのようにできないこともあるだろう。

いろいろな批判を受けるのは、それだけ『広辞苑』が期待されているということでもある。筆者が本書でこころがけたのは、『広辞苑』という辞書がどのような辞書であるかを過不足なく述べることが第一だ。次には書評を書くような心持ちで、『広辞苑』のよさを述べることができれば、と思った。さらには、「辞書と遊ぶ」というような趣がだせればいいと思った。

「よむ」余裕を！

筆者が、(まがりなりに、であるが)『日本国語大辞典』全巻をよんだ、ということを聞いて、学生は「いやいや、辞書はよむものではないでしょ」と言う。そのとおりだ。辞書はよむものではなく、何かを調べるために使うものだ。しかし、自身が母語としている言語の辞書は、そうでない言語の辞書と少し違う点もありそうだ。スペイン語を母語としていない人がスペイン語の辞書を使って何かを調べる。このような場合は、「知らないことについて調べる」という面がつよそうだ。しかし、日本語を母語としている人が日本語についての辞書を調べる場合は、もちろんまったく知らない語についての情報を得ようとしている場合もあるだろうが、少しはわかっているけれども「確認」するということもあるだろう。それも結局は「調べる」ということであるが、多少余裕はありそうだ。せっぱつまっていない。その「余裕」の気分は「実用的」ということからは少し離れていて、「よむ」という側に少しちかいように思う。

オンライン版の場合は、調べたい文字列を検索欄に入力するところから始まる。入力してエンターキーをぽんと押すと、検索結果が出て来る。そこには「余裕の気分」も何もない。オンライン版は検索機能を使って、辞書に蓄蔵されている「情報」を引き出すという面が強い。いや、「強い」どころか、そういうものだ。「よむ」という言語活動とはだいぶ異なる。「よむ」は「考える」ということとセットになっていると思う。「よみながら考える」あるいは「考えながらよむ」。それなりの時間がかかるし、時間をある程度かけないと「よむ」ことができない。「よむ」は生体反応ではないので、AといえばB、BといえばCというわけにはいかない。「ああでもないこうでもない」というプロセスをともなう。

辞書の全体は小説のようにまとまりをもった文章ではない。しかし、「日本語のリスト」であることは間違いない。自分のもっている「日本語のリスト」を、辞書をよみつつ点検してみる。「おお、自分のリストにはない語がずいぶんあるな」。それを知ることは楽しいと筆者は思っている。自分の言語生活で出会える日本語はたかが知れている。本をあまり読まないということになると、出会っている日本語は「現代のはなしことば」寄りになる。もちろんそれで何も不自由はない。しかしどんな言語にも「はなしことば」と「書きことば」とがある。現在使われている「書きことば」には新聞などで接している。しかし、新聞には顔をださない「書きことば」もたくさんある。過去の「書きことば」となれば、新聞にはほとんど使われない。新聞だから、それは当然のことといえよう。

母語については、母語だからみんな自信をもっている。自身の使い方と異なる使い方をみると間違っているのではないかと思う。筆者は、日本語についていろいろなことを発言している。そうした発言の中には、他者の使い方に疑問を呈しているようなものもあるが、自身の使い方が正しいということではなく、自身の使い方と照らし合わせると、そういうことを感じるということだ。言語には「多くの人が共有している部分」と、そこまでは共有されていない「個人的に使用している部分」とがある。そういうことを具体的に知るためにも「照らし合わせ」には意義がある。「辞書をよむ」とそういうことにも気づく。辞書をよんで「ああでもないこうでもない」と考えることも大事だし、だからこそ、それを楽しみたい。

さらに時間をかけてよみこんでいけば、新しい発見があるだろう。『広辞苑』が内包している「情報」は一人の人間がすぐに把握できるようなものではない。それだけの「情報」を、バランスをとりながら、辞書のかたちに収めた編集者のエネルギーもまた並大抵のものではないことが、じっくりとよむことによって実感できた。その「実感」は大事にしていきたい。

＊　＊

小型の国語辞書について新書を書く機会があり、それに続いて漢和辞典についての新書をまとめた。そして二〇一八年には『日本国語大辞典』についての本を出版させてもらった。一つ一つの経験にそれぞれ気づきがあり、いろいろな辞書を「よみ」、そして考えることによって、自身の辞書についての「みかた」がひろがっていった。そうした経験に基づいて『広辞苑』を「よみ」、考えたことをまとめたのが本書だ。

ところで、本書の校正をしていた二〇一九年十一月、ミシガン大学日本研究センターの招きによって、同大学を訪れる機会を得、その折に図書館を見学させていただいた。ミシガン大学図書館はいくつかの図書館に分かれているが、日本学研究司書の横田カーター啓子さんに案内していただき、大学院生向けの Harlan Hatcher Graduate Library と法科大学院図書館を見学した。法科大学院図書館のリーディングルームはとても広く落ち着いたものであった。

ミシガン大学での仕事を終えた後シアトルに行き、ワシントン大学で、大学院生、教員とのワークショップを行なった。ワシントン大学では、Suzzallo Libraryを見学させていただいた。この図書館のリーディングルームは『ハリー・ポッター』のホグワーツ魔法魔術学校を思わせると言われている広大なものだ。

いずれの図書館も落ち着いた雰囲気をもち、建物の宏大さとともに、「知の集積」をただちに思わせる。本書では辞書が「バランスのとれた小宇宙」であることが大事であると述べた。その「小宇宙」は「一言語の小宇宙」であるが、図書館にはさまざまな言語で書かれた書物が集積しているのだから、まさしく「知の宇宙」といえるだろう。

今回、ミシガン大学とワシントン大学の図書館を見学させていただいて感じたことは、そうした「知の宇宙」すなわち「知のありかた」に電子化ということが深く関わってきているということだ。資料を電子化してオープンにすることによって、学生がどこにいても資料を読むことができる。あるいはそういうかたちにすることによって、世界規模で資料が共有できる。

話すそばから消えていく「はなしことば」を書きとどめ、時空を超えるために文字があると学生に説明してきた。しかし、日本で成ったテキストは海を越えなければアメリカには至らない。そう考えると、現在では、電子化こそが真に「時空を超える」ための手段といえそうだ。第六章で論じた「来たるべき辞書」のありかたについては、現時点で大きく考えは変わっていないものの、「知の宇宙」とのかかわりはさらによく考える必要がありそうだ、と思いながら帰国した。

附　表

表の詳細は本文 72 頁以下参照.

	辞苑	初版	二版	三版	四版	五版	六版	七版
ねっそ(熱素)	○	○	○	○	○	○	○	○
ねっそう(熱想)	○	×	×	×	×	×	×	×
ねつぞう(捏造)	○	○	○	○	○	○	○	○
ねっそり	×	×	×	×	×	×	×	○
ねつそんしつ(熱損失)	×	×	×	×	×	×	○	○
ねったい(熱帯)	○	○	○	○	○	○	○	○
ねったいいがく(熱帯医学)	×	×	×	×	○	○	○	○
ねったいうりん(熱帯雨林)	×	×	×	○	○	○	○	○
ねったいうりんきこう	×	×	×	×	×	○	○	○
ねったいかじつ(熱帯果実)	○	○	○	○	○	○	○	○
ねったいきこう(熱帯気候)	×	○	○	○	○	○	○	○
ねったいきだん(熱帯気団)	×	×	×	×	○	○	○	○
ねったいぎょ(熱帯魚)	○	○	○	○	○	○	○	○
ねったいこ(熱帯湖)	×	○	○	○	○	×	×	×
ねったいこううりん(熱帯降雨林)	×	○	○	×	○	○	○	○
ねったいしまか(熱帯縞蚊)	×	×	×	×	×	×	×	○
ねったいしゅうそくたい(熱帯収束帯)	×	×	×	○	○	○	○	○
ねったいしょくぶつ(熱帯植物)	○	○	○	○	○	○	○	○
ねったいすいれん(熱帯睡蓮)	×	×	×	×	×	×	○	○
ねったいそうげん(熱帯草原)	×	×	×	×	×	×	×	○
ねったいちょう(熱帯鳥)	×	○	○	○	○	○	○	○
ねったいちょうるい(熱帯鳥類)	○	×	×	×	×	×	×	×
ねったいていきあつ(熱帯低気圧)	×	×	○	○	○	○	○	○

	辞苑	初版	二版	三版	四版	五版	六版	七版
ねったいびょう(熱帯病)	○	○	○	○	○	○	○	○
ねったいや(熱帯夜)	×	×	×	○	○	○	○	○
ねったいりん(熱帯林)	○	○	○	○	○	○	○	○
ねつたいりゅう(熱対流)	×	×	×	○	○	○	○	○
ねったい(妬い)	×	○	×	×	×	×	×	×
ねったし(妬し)	×	○	○	○	○	○	○	○
ねつたし	×	○	×	×	×	×	×	×
ねっち(熱地)	○	○	○	○	○	○	○	○
ねっちゅう(熱中)	○	○	○	○	○	○	○	○
ねっちゅうしょう(熱中症)	×	×	×	×	×	○	○	○
ねつちゅうせいし(熱中性子)	×	×	○	○	○	○	○	○
ねつちゅうせいしろ(熱中性子炉)	×	×	×	×	○	○	○	○
ねっちょう(熱腸)	×	○	○	○	○	○	○	○
ねっちり	×	×	×	×	×	○	○	○
ねつっこい	×	○	○	○	○	○	○	○
ねつっぽい(熱っぽい)	×	○	○	○	○	○	○	○
ねつつみ(根包)	○	○	○	○	△	△	△	△
ネッティング(Netting)	○	×	×	×	×	×	×	×
ネッティング(netting)	×	×	×	×	×	×	○	○
ねつてきていきあつ	×	×	×	×	×	○	○	○
ねってつ(熱鉄)	○	○	○	○	○	○	○	○
ねってつのなみだ(熱鉄涙)	○	○	○	○	○	○	○	○
ねつでんおんどけい(熱電温度計)	×	×	○	○	○	○	○	○
ねつでんこうか(熱電効果)	×	×	×	×	×	○	○	○
ねつでんき(熱電気)	×	○	×	×	×	×	×	×
ねつでんし(熱電子)	×	○	○	○	○	○	○	○

	辞苑	初版	二版	三版	四版	五版	六版	七版
ねつでんしかん(熱電子管)	×	○	○	○	○	○	○	○
ねつてんしゃプリンター	×	×	×	×	×	○	○	○
ねつでんたい(熱電堆)	×	○	○	○	○	○	○	○
ねつでんつい(熱電対)	×	○	○	○	○	○	○	○
ねつでんついおんどけい	×	○	×	×	×	×	×	×
ねつでんどう(熱伝導)	×	○	○	○	○	○	○	○
ねつでんどうりつ(熱伝導率)	×	×	×	×	○	○	○	○
ねつてんびん(熱天秤)	×	×	×	×	○	○	○	○
ねつでんりゅう(熱電流)	×	○	○	○	○	○	○	○
ネット(Net)*	○	△	△	△	△	△	△	△
ネットイン(Net in)	○	×	×	○	○	○	○	○
ネットオークション	×	×	×	×	×	×	○	○
ネットカフェ	×	×	×	×	×	×	○	○
ネットゲーム	×	×	×	×	×	×	○	○
ネットサーフィン	×	×	×	×	×	×	○	○
ネットショッピング	×	×	×	×	×	×	○	○
ネットスコア	×	×	×	×	×	×	○	○
ネットバンキング	×	×	×	×	×	×	○	○
ネットワーク(Network)	×	○	○	○	○	○	○	○
ネットワークアーキテクチャー	×	×	×	×	×	×	○	○
ネットワークかでん	×	×	×	×	×	×	○	○
ネットワークこうていひょう	×	×	×	×	×	×	×	○
ネットワークプロトコル	×	×	×	×	×	×	○	○
ネットプレー(Net play)	○	○	○	○	○	○	○	○
ネット(Net)*	○	△	△	△	△	△	△	△
ネットプライス(Net price)	○	○	○	○	○	○	○	○

	辞苑	初版	二版	三版	四版	五版	六版	七版
ねつど(熱度)	×	○	○	○	○	○	○	○
ねっとう(熱禱)	×	○	×	×	×	×	×	×
ねっとう(熱湯)	○	○	○	○	○	○	○	○
ねっとう(熱鬧)	○	○	○	○	○	○	○	○
ねっとう(熱闘)	×	×	×	×	×	○	○	○
ねっとり	○	○	○	○	○	○	○	○
ネットワーキング(networking)	×	×	×	×	○	△	△	△
ねつのかべ(熱の壁)	×	×	○	○	○	○	○	○
ねつのしごととうりょう	×	×	×	×	○	○	○	○
ねつのはな(熱の花)	×	×	×	×	×	×	○	○
ねつば(熱罵)	×	○	○	○	○	○	○	○
ねっぱ(熱波)	×	×	×	×	○	○	○	○
ねっぱつ(熱発)	×	×	○	○	○	○	○	○
ネッビオーロ	×	×	×	×	×	×	×	○
ねつびょう(熱病)	×	○	○	○	○	○	○	○
ネップ(Nep)	○	○	○	○	○	○	○	○
ネップマン(Nepman)	○	○	○	○	×	×	×	×
ねっぷう(熱風)	○	○	○	○	○	○	○	○
ねっぷうかんそうき(熱風乾燥機)	×	○	○	×	×	×	×	×
ねっぷうろ(熱風炉)	×	○	○	○	○	○	○	○
ねつふか(熱負荷)	×	×	×	×	×	×	○	○
ねつふくしゃ(熱輻射)	×	○	○	○	○	○	○	○
ねつへいこう(熱平衡)	×	×	○	○	○	○	○	○
ねっぺん(熱変)	○	×	×	×	×	×	×	×
ねつべん(熱弁)	×	○	○	○	○	○	○	○
ねつへんせいがん(熱変成岩)	×	×	○	○	○	○	○	○

	辞苑	初版	二版	三版	四版	五版	六版	七版
ねつぼう(熱望)	×	○	○	○	○	○	○	○
ねつほうしゃ(熱放射)	×	×	×	○	○	○	○	○
ねつぼうちょう(熱膨脹)	×	×	○	○	○	○	○	○
ねづまり(根詰り)	×	×	×	×	○	○	○	○
ねづみ(根積)	×	×	×	×	○	○	○	○
ねつもり(値積)	×	○	○	○	△	△	△	△
ねづよい(根強い)	×	×	×	×	○	○	○	○
ねつようりょう(熱容量)	×	○	○	○	○	○	○	○
ねつらい(熱雷)	×	○	○	○	○	○	○	○
ねつり(根釣)	×	○	○	○	△	△	△	△
ねつりきがく(熱力学)	×	○	○	○	○	○	○	○
ねつりきがくのしゅほうそく	×	○	○	○	×	×	×	×
ねつりきがくのほうそく	×	×	×	×	○	○	○	○
ねつりょう(熱量)	○	○	○	○	○	○	○	○
ねつりょうけい(熱量計)	○	○	○	○	○	○	○	○
ねつるい(熱涙)	×	○	○	○	○	○	○	○
ねつれつ(熱烈)	×	○	○	○	○	○	○	○
ねつろん(熱論)	×	○	○	○	○	○	○	○
ねていとう(根抵当)	○	○	○	○	○	○	○	○
ねてもさめても(寝ても覚めても)	○	×	×	×	×	×	×	×
ねど(寝所)	○	○	○	○	○	○	○	○
ねどい(根問)	○	○	○	○	○	○	○	○
ねどいはどい(根問葉問)	○	○	○	○	○	○	○	○
ねどうぐ(寝道具)	○	○	○	○	○	○	○	○
ねどうしん(子燈心)	○	○	△	△	△	△	△	△
ねどおり(根通)	○	○	×	×	×	×	×	×

	辞苑	初版	二版	三版	四版	五版	六版	七版
ねどき(寝時)	×	○	○	○	○	○	○	○
ねどこ(寝床)	○	○	○	○	○	○	○	○
ねどこ(寝所)	○	○	○	○	○	○	○	○
ねどこ(寝床)	×	×	×	×	×	×	○	○
ねどころ(寝所)	○	○	○	○	○	○	○	○
ねどころ(根所)	○	○	○	○	○	○	○	○
ねとつく	×	×	×	×	○	○	○	○
ねとねと	○	○	○	○	○	○	○	○
ねとぼく(寝惚く)	○	○	○	×	×	×	×	×
ねとぼけ(寝惚)	○	○	×	×	×	×	×	×
ねとぼける(寝惚ける)	○	○	○	○	○	○	○	○
ねとまり(寝泊)	○	○	○	○	○	○	○	○
ねとり(寝鳥)	○	○	○	○	○	○	○	○
ねとりがい(寝鳥飼)	○	○	○	○	○	○	○	○
ねとりのふえ(寝鳥の笛)	×	○	×	×	×	×	×	×
ねとりを刺す	×	×	○	○	○	○	○	○
ねとり(音取)	○	○	○	○	○	○	○	○
ねとり(根取)	×	○	○	○	○	○	○	○
ねとる(音取る)	○	○	○	○	○	○	○	○
ねとる(寝取る)	○	○	○	○	○	○	○	○
ねなおす(寝直す)	○	×	×	×	×	×	×	×
ねなおす(値直す)	×	×	○	○	○	○	○	○
ねなおる(寝直る)	○	○	×	×	×	×	×	×
ねながし(ね流)	×	○	○	○	○	○	○	○
ねながれ(寝流)	○	○	○	○	○	○	○	○
ねなく(音泣く)	○	○	○	○	○	○	○	○

	辞苑	初版	二版	三版	四版	五版	六版	七版
ねなし(根無)	○	○	○	○	○	○	○	○
ねなしかずら(根無葛)	○	○	○	○	○	○	○	○
ねなしぐさ(根無草)	○	○	○	○	○	○	○	○
ねなしごと(根無言)	○	○	○	○	○	○	○	○
ねなしばな(根無花)	×	○	○	○	○	○	○	○
ねなしみず(根無水)	×	○	○	○	○	○	○	○
ねなしぐさ(根南志具佐)	×	×	○	○	○	○	○	○
ねなす(値成す)	×	○	○	○	○	○	○	○
ねなみ(根波)	○	×	×	×	×	×	×	×
ねにくい(寝悪い)	×	○	×	×	×	×	×	×
ねにくし(寝悪し)	×	○	×	×	×	×	×	×
ねぬき(根抜)	×	○	○	○	○	○	○	○
ねぬけ(根抜)	○	×	○	○	○	○	○	○
ねぬなわ(根蓴菜)	○	○	○	○	○	○	○	○
ねぬなわの(根蓴菜の)	○	○	○	○	○	○	○	○
ねね(寝寝)	×	○	×	×	×	×	×	×
ねね	×	○	○	○	○	○	○	○
ねのかたすくに(根堅洲国)	○	○	○	○	○	○	○	○
ねのくに(根国)	○	○	○	○	○	○	○	○
ねのこ(子子)	○	○	○	○	○	○	○	○
ねのこもち(子の子餅)	×	○	×	×	×	×	×	×

*『辞苑』では「網」などの意味と「正味」などの意味とで区別され，二つの項目が立てられていたが，『広辞苑』初版以降第7版にいたるまで，一つの項目に統一されている．

今野真二
1958 年神奈川県生まれ
1986 年早稲田大学大学院博士課程後期退学
高知大学助教授を経て
現在—清泉女子大学教授
専攻—日本語学
著書—『仮名表記論攷』(清文堂出版，第 30 回金田一京助博士記念賞受賞)，『漢語辞書論攷』(港の人)，『百年前の日本語』(岩波新書)，『『言海』と明治の日本語』(港の人)，『日本語の考古学』(岩波新書)，『辞書からみた日本語の歴史』(ちくまプリマー新書)，『辞書をよむ』(平凡社新書)，『超明解！ 国語辞典』(文春新書)，『漢和辞典の謎』(光文社新書)，『北原白秋　言葉の魔術師』(岩波新書)，『『日本国語大辞典』をよむ』(三省堂)，『言海の研究』(小野春菜との共著，武蔵野書院)，『日日是日本語　日本語学者の日本語日記』(岩波書店)　ほか

『広辞苑』をよむ　　岩波新書(新赤版)1820

2019 年 12 月 20 日　第 1 刷発行

著　者　今野真二《こんのしんじ》

発行者　岡本　厚

発行所　株式会社　岩波書店
〒101-8002 東京都千代田区一ツ橋 2-5-5
案内 03-5210-4000　営業部 03-5210-4111
https://www.iwanami.co.jp/

新書編集部 03-5210-4054
http://www.iwanamishinsho.com/

印刷・精興社　カバー・半七印刷　製本・中永製本

ISBN 978-4-00-431820-0　　Printed in Japan

岩波新書新赤版一〇〇〇点に際して

ひとつの時代が終わったと言われて久しい。だが、その先にいかなる時代を展望するのか、私たちはその輪郭すら描きえていない。二〇世紀から持ち越した課題の多くは、未だ解決の緒を見つけることのできないままであり、二一世紀が新たに招きよせた問題も少なくない。グローバル資本主義の浸透、憎悪の連鎖、暴力の応酬――世界は混沌として深い不安の只中にある。

現代社会においては変化が常態となり、速さと新しさに絶対的な価値が与えられた。消費社会の深化と情報技術の革命は、種々の境界を無くし、人々の生活やコミュニケーションの様式を根底から変容させてきた。ライフスタイルは多様化し、一面では個人の生き方をそれぞれが選びとる時代が始まっている。同時に、新たな格差が生まれ、様々な次元での亀裂や分断が深まっている。社会や歴史に対する意識が揺らぎ、普遍的な理念に対する根本的な懐疑や、現実を変えることへの無力感がひそかに根を張りつつある。そして生きることに誰もが困難を覚える時代が到来している。

しかし、日常生活のそれぞれの場で、自由と民主主義を獲得し実践することを通じて、私たち自身がそうした閉塞を乗り超え、希望の時代の幕開けを告げてゆくことは不可能ではあるまい。そのために、いま求められていること――それは、個と個の間で開かれた対話を積み重ねながら、人間らしく生きることの条件について一人ひとりが粘り強く思考することではないか。その営みの糧となるものが、教養に外ならないと私たちは考える。歴史とは何か、よく生きるとはいかなることか、世界そして人間はどこへ向かうべきなのか――こうした根源的な問いとの格闘が、文化と知の厚みを作り出し、個人と社会を支える基盤としての教養となった。まさにそのような教養への道案内こそ、岩波新書が創刊以来、追求してきたことである。

岩波新書は、日中戦争下の一九三八年一一月に赤版として創刊された。創刊の辞は、道義の精神に則らない日本の行動を憂慮し、批判的精神と良心的行動の欠如を戒めつつ、現代人の現代的教養を刊行の目的とする、と謳っている。以後、青版、黄版、新赤版と装いを改めながら、合計二五〇〇点余りを世に問うてきた。そして、いままた新赤版が一〇〇〇点を迎えたのを機に、人間の理性と良心への信頼を再確認し、それに裏打ちされた文化を培っていく決意を込めて、新しい装丁のもとに再出発したいと思う。一冊一冊から吹き出す新風が一人でも多くの読者の許に届くこと、そして希望ある時代への想像力を豊かにかき立てることを切に願う。

（二〇〇六年四月）

岩波新書より

言語

60歳からの外国語修行 メキシコに学ぶ	青山　南	
やさしい日本語	庵　功雄	
世界の名前	岩波書店辞典編集部編	
英語学習は早いほど良いのか	バトラー後藤裕子	
辞書の仕事	増井　元	
実践 日本人の英語	マーク・ピーターセン	
日本語の考古学	今野真二	
日本語スケッチ帳	田中章夫	
ものの言いかた西東	小林隆・澤村美幸	
英語の読み方	北村一真	
辞書を編む	飯間浩明	
ことばの力学	白井恭弘	
女ことばと日本語	中村桃子	
テレビの日本語	加藤昌男	
日本語雑記帳	田中章夫	
英語で話すヒント	小松達也	
仏教漢語50話	興膳　宏	
語感トレーニング	中村　明	

曲り角の日本語	水谷静夫	
日本語の古典	山口仲美	
ことばと思考	今井むつみ	
漢文と東アジア	金　文京	
日本語学習の科学	白井恭弘	
日本語の源流を求めて	大野　晋	
英文の読み方	行方昭夫	
ことば遊びの楽しみ	阿刀田高	
日本語の歴史	山口仲美	
日本の漢字	笹原宏之	
ことばの由来	堀井令以知	
コミュニケーション力	齋藤　孝	
聖書でわかる英語表現	石黒マリーローズ	
漢字と中国人	大島正二	
日本語の教室	大野　晋	
日本人はなぜ英語ができないか	鈴木孝夫	
心にとどく英語	マーク・ピーターセン	
日本語練習帳	大野　晋	
翻訳と日本の近代	丸山真男・加藤周一	

日本語ウォッチング	井上史雄	
教養としての言語学	鈴木孝夫	
日本語の起源（新版）	大野　晋	
日本人の英語 正・続	マーク・ピーターセン	
日本語と外国語	鈴木孝夫	
日　本　語（新版）上・下	金田一春彦	
日本語の構造	中島文雄	
ことばとイメージ	川本茂雄	
外国語上達法	千野栄一	
記号論への招待	池上嘉彦	
翻訳語成立事情	柳父　章	
ことばと国家	田中克彦	
日本語の文法を考える	大野　晋	
日本の方言	柴田　武	
言語と社会	ピーター・トラッドギル 土田滋訳	
ことばと文化	鈴木孝夫	